教科力シリーズ

小学校国語

松本 修 編著

玉川大学出版部

はじめに

　国語科という教科はさまざまな意味で特殊な教科である。
　第一に，小学校に入学する頃，ほとんどの子どもは日常的な生活においてかなり自在に母語である日本語を使いこなす。けんかやいいわけ，嘘がつけるくらい熟達している。まったく新しいことを勉強するわけではないのである。だから，教科書を見ても，なかには読めない字があったりして少しずつ覚えていくにせよ，だいたいのことはわかる。それをあらためて授業として行うわけだ。子どもが自分の持っている言葉の力のどこが変わり，どう進歩したのかわかるような学習をデザインするのは大変である。
　第二に，学習指導要領にはどういうことを，たとえばどんな活動をしながら学習するのか，という意味での「内容」は一応書いてあるが，具体的にこういう言葉を使ってこういう説明ができる力をつけるというふうには書いてない。ある意味，個々の教師，それぞれの教室に委ねられる部分が大きい。一人の教師として，学習指導要領の内容に見合った具体的な学習内容をデザインするのは大変である。
　しかし，こうした国語科の特性は，きちんとしたデザインをすることができさえすれば，そのまま国語科の魅力でもある。かなり自由に子どもにとって楽しい活動を行いながらいつの間にか言葉の力が大きく伸びる，ということが起こる。
　この本では，学習指導要領と教材領域に即しながらも，それぞれの教材にどのような問題があり，どのように考えることによってその問題を克服できるかというようなことに力点を置いて説明している。このテキストをヒントに，創造的で楽しい授業をデザインするための基礎力を身につけてほしい。

　　　　　　　　　　　　　　　　　　　　　　　　　　松本　修

目次

はじめに 3

第1章　小学校学習指導要領「国語」の内容構成の特色──7
1　日本の国語科の特色　7
2　学習指導要領「国語」の内容構成の概要　8
3　学習指導要領国語科における「言語活動」と「伝統的な言語文化」　21

第2章　話すこと・聞くこと──24
1　ディベートと討論会の違い　24
2　討論会にディベートの手法を取り入れるメリット　26
3　教材研究　教育出版・5年上「討論会をしよう」　29
4　先行研究に学ぶ　33

第3章　書くこと(1)──38
1　学級経営における書くことの指導　38
2　教材研究　教育出版・3年下「強く心にのこっていることを」　41
3　先行実践に学ぶ　50

第4章　書くこと(2)──53
1　作句指導のための準備　53
2　教材研究　教育出版・3年上「俳句に親しむ」　55
3　先行実践に学ぶ　63

第5章　読むこと・説明文(1)──67
1　事柄の順序と説明の順序　67

2　説明の順序と論理　70
　　3　説明文における物語モードの読み　73
　　4　形式と内容の統合としての読み　76

第6章　読むこと・説明文(2)——79
　　1　説明文教材の特性　80
　　2　文章構成を理解する　82
　　3　事実と意見を読み分ける　84

第7章　読むこと・文学(1)——89
　　1　「ちいちゃんのかげおくり」で日記が書けるか　90
　　2　「スイミー」でペープサートができるか　94
　　3　文学的文章における音読指導　97
　　4　読みの公共性と授業　98

第8章　読むこと・文学(2)——101
　　1　文学における感動体験　102
　　2　文学作品と主題の関連　106
　　3　読書につながる言語活動　110

第9章　読むこと・文学(3)——114
　　1　学習指導要領における「読むこと」の指導事項　115
　　2　登場人物の相互関係をとらえる——『海の命』の教材研究を通して　116
　　3　内面にある深い心情をとらえる——『カレーライス』の教材研究を通して　122

第10章　伝統的な言語文化——128
　　1　「伝統的な言語文化」の新設　129
　　2　古典教材の読み方と教材化　132

3 古典における言語活動　134
4 俳句・短歌の音読指導　138

第11章　日本語の特質（文字）——141
1 「文字に関する事項」　141
2 教科書に見る文字の種類——書きの視点から　143
3 文字の成り立ち　148

第12章　日本語の特質（書写）——153
1 国語科書写の位置付け　153
2 書写・書道教育とこれから　163

第13章　日本語の特質（文法）——168
1 「言葉の特徴やきまりに関する事項」　169
2 学校文法の問題点　171
3 文法学習のデザイン　174

第14章　日本語の特質（語彙）——181
1 語彙とは　181
2 ことばの海（位相）　187

第15章　思考力——197
1 学習指導要領と思考力　197
2 思考力を育てるミニ単元　201
3 読みのスキーマと「比較」　206

第1章
小学校学習指導要領「国語」の内容構成の特色

　日本の国語科は，言語に関するすべての学習内容が一教科の中に含まれるという特徴を持っている。そのため，統合的な学習活動において自然に言語を習得するような学習活動を構成するには向いているが，学習内容は教室において，教師によってデザインされる必要がある。2008（平成20）年告示の「小学校学習指導要領」においては，言語活動の重視と伝統的な言語文化の導入など新たな内容が盛り込まれており，対応した学習内容の構成が必要である。

キーワード

国語科　3領域1事項　目標　内容　言語活動　伝統的な言語文化

1　日本の国語科の特色

　欧米では，「国語科」の内容は文学・作文・文法など，いくつかの科目で構成されることが多く，日本においても，かつてはそのような構成がなされていた。だが，次第にまとめられ，「国語科」として言葉の学習のすべてを一教科で学習するようになった。2008年告示の「小学校学習指導要領」では，国語科の中で領域を「話すこと・聞くこと」「書くこと」「読むこと」「伝統的な言語文化と国語の特質に関する事項」の3領域1事項に分けて学習内容を構成するという形になっている。

こうした構成は，さまざまな言葉の活動を関連づけながら学習を展開することには向いている。言葉の学習は，そもそも生まれたときから生活の中でなされているものであり，言語の使用実態から見ても，言葉の学習は統合的な活動の中でなされるべきである。知らないことを学ぶのではなく，知っていることを学び直すという言語学習の持つ特色に対応した形になっている。

　しかし一方，言葉の活動はたくさんしたが，何を学習したのかがわからないということにもなりかねない側面があり，たとえ1冊の教科書で「国語科」の授業がなされるとしても，一人ひとりの教師が目標に応じて意識的に学習活動を作らなければならないという課題があるわけである。

　なお，国語科の内容には，伝統的に「書写」が含まれており，これに対応して「書写」の教科書は「国語」とは別に作成され，使用されている。

2　学習指導要領「国語」の内容構成の概要

(1) 学習指導要領「国語」の全体構成

　2008年告示の小学校学習指導要領では，第2章が各教科別の内容になっており，その第1節が「国語」である。その構成は次のようになっている。

　　第1　目標
　　第2　各学年の目標及び内容
　　〔第1学年及び第2学年〕
　　1　目標
　　2　内容　A 話すこと・聞くこと　B 書くこと　C 読むこと
　　　　〔伝統的な言語文化と国語の特質に関する事項〕
　　　＊以下同じで，第3学年及び第4学年，第5学年及び第6学年の項目（引用者注）
　　第3　指導計画の作成と内容の取り扱い
　　別表　学年別漢字配当表（図表1-1）

　「各学年の目標及び内容」が2学年ごとのくくりになっている。このような形になったのは，1998（平成10）年告示の小学校学習指導要領からである。国

語科においてこのような構成になっている理由については，「解説」では，次のように説明されている。

> また，各学年の目標は，2学年まとめて示している。それは，児童の発達の段階や中学校との関連を配慮しつつ，学校や児童の実態に応じて各学年における指導内容を重点化し，十分な定着を図ることが大切だからである。

しかし，実際のところは，この1998年告示の「学習指導要領」がいわゆる「ゆとり」重視の方向性を持っていたため，授業時数の多い国語科の指導内容を目に見える形で圧縮する必要があったのが理由であろう。国語科の学習は，積み上げ型ではなく，どうしてもスパイラルな構造になるので，厳密に学年別に書き分ける必要がないように見えるということも影響している。授業者は，当然のことながら，それぞれの1学年において指導すべき内容を考え，第1学年から第2学年，第3学年から第4学年，第5学年から第6学年への系統性も考えなくてはならない。なお，学年別漢字配当表は従前通り各学年ごとの構成になっており，ローマ字についても第3学年で扱うことが明確に示されている。

図表1-1　学年別漢字配当表

第一学年	一右雨円王音下火花貝学気九休玉金空月犬見五口校左三山子四糸字耳七車手十出女小上森人水正生青夕石赤千川先早草足村大男竹中虫町天田土二日入年白八百文木本名目立力林六 (80字)
第二学年	引羽雲園遠何科夏家歌画回会海絵外角楽活間丸岩顔汽記帰弓牛魚京強近兄形計元言原戸古公広交光考行高黄合谷国黒今才細作算止市矢姉思紙寺自時室社弱首秋週春書少場色食心新親図数西声星晴切雪船線前組走多太体台地池知茶昼長鳥朝直通弟店点電刀冬当東答頭同道読内南肉馬売買麦半番父風分聞米歩母方北毎妹万明鳴毛門夜野友用曜来里理話 (160字)
第三学年	悪安暗医委意育員院飲運泳駅央横屋温化荷界開階寒感漢館岸起期客究急級宮球去橋業曲局銀区苦具君係軽血決研県庫湖向幸港号根祭皿仕死使始指歯詩次事持式実写者主守取酒受州拾終習集住重宿所署助昭消商章勝乗植申身神真深進世整昔全相送想息速族他打対待代第題炭短談着注柱丁帳調追定庭笛鉄転都度投豆島湯登等動童農波配倍箱畑発反坂板皮悲美鼻筆氷表秒病品負部服福物平返勉放味命面問役薬由油有遊予羊洋葉陽様落流旅両緑礼列練路和 (200字)

第四学年	愛案以衣位囲胃印英栄塩億加果貨課芽改械害街各覚完官管 関観願希季紀喜器機議求救挙漁共協鏡競極訓軍郡径 型景芸欠結建健験固功好候航康告差菜最材昨札刷殺察参産 散残士氏史司試児治辞失借種周祝順初松笑唱焼象照賞臣信 成省清静席積折節説浅戦選然争倉巣束側続卒孫帯隊達単置 仲貯兆腸低底停的典伝徒努灯堂働特得毒熱念敗梅博飯飛費 必票標不夫付府副粉兵別辺変便包法望牧末満未脈民無約勇 要養浴利陸良料量輪類令冷例歴連老労録	(200字)
第五学年	圧移因永営衛易益液演応往桜恩可仮価河過賀快解格確額刊 幹慣眼基寄規技義逆久旧居許境均禁句群経潔件券険検限現 減故個護効厚耕鉱構興講告混再災妻採際在財罪雑酸賛支志 枝師資飼示似識質舎謝授修述術準序招承証条状常情織職制 性政勢精製税責績接設舌絶銭祖素総造像増則測属率損退貸 態団断築張提程適敵統銅導徳独任燃能破犯判版比肥非備俵 評貧布婦富武復複仏編弁保墓報豊防貿暴務夢迷綿輸余預容 略留領	(185字)
第六学年	異遺域宇映延沿我灰拡革閣割株干巻看簡危机揮貴疑吸供胸 郷勤筋系敬警劇激穴絹権憲源厳己呼誤后孝皇紅降鋼刻穀骨 困砂座済裁策冊蚕至私姿視詞誌磁射捨尺若樹収宗就衆従縦 縮熟純処署諸除将傷障城蒸針仁垂推寸盛聖誠宣専泉洗染善 奏窓創装層操蔵臓存尊宅担探誕段暖値宙忠著庁頂潮賃痛展 討党糖届難乳認納脳派拝背肺俳班晩否批秘腹奮並陛閉片補 暮宝訪亡忘棒枚幕密盟模訳郵優幼欲翌乱卵覧裏律臨朗論	(181字)

(2) 国語科の目標

国語科の目標は次のようになっている。

> 国語を適切に表現し正確に理解する能力を育成し，伝え合う力を高めるとともに，思考力や想像力及び言語感覚を養い，国語に対する関心を深め国語を尊重する態度を育てる。

このうち,「伝え合う力」は，AさんからBさんへの伝達があり，次にBさんからAさんへの伝達があるというような意味でのやりとりのことではなく，共に協同しながらコミュニケーションを行う能力のことで，本来ならコミュニケーション能力という一般的な表現を用いるべきものである。国語科の学習指導要領であることに配慮してこのような用語が用いられているものと考えられる。しかし，コミュニケーション能力の表現としては「通じ合い」といった用語も考えられ，一方的伝達の力ではないことに配慮する必要がある。

また、「言語感覚」という用語も国語科特有の用語である。この用語は、輿水実によって提示されたものである[1]。

　　語感は在来単語の良否の鑑別にしか考へられなかつたが、これは単語のみならず一切の言語の使用にひろげて、「言語感覚」とか「言語感情」といふ意味に用ひたい。その良否も単純に美的な判別でなく、そこに厳粛な正不正の判別もふくめ、いはば語の使用における適不適を判別する力とみておきたい。語法教育の根本はさうした生きた力を育成することにあるといつてよい。

　輿水は、「語感」という一般的な用語を、言語使用・言語運用にかかわる総合的な能力として把握しなおすために、造語としての「言語感覚」に、〈最適なことばを文脈の中で用い、理解する能力を支えるもの〉としての教育的意味を与えた、と見るべきである。「語感」という用語は、国語科の学習指導要領においては、〔伝統的な言語文化と国語の特質に関する事項〕に提示されており、「語感には、言葉の正しさや美しさだけではなく、文や文章を含めて、実際にその言葉が使われる際に、適切であるかどうかを感じ取る感覚も含んでいる」と解説されており、「正誤・適否・美醜などについての感覚」と規定されている。小学校から高等学校の学習指導要領では、言語感覚を「養う」「豊かにする」「磨く」という形で用いられている。
　また、「思考力」や「想像力」も国語科の学習の中では独特な意味合いを帯びることが多い。注意が必要である（「思考力」については第15章参照）。

（3）各学年における各領域の目標

　各学年における各領域の目標は、次ページの図表1-2のようになっている。
　国語科の学習内容は同じことを形を変えて何度も学習するというスパイラルな形で構成されているが、学習指導要領はその性質上、縦につながる系統性も示さなければならない。したがって、具体的には、各学年の表現の違いを拾いながら、その系統性を読んでいくことになる。ここでは、「C 読むこと」について見てみよう（下線、二重下線は松本による補い）。

図表1-2　各学年における各領域の目標

	第1学年及び第2学年	第3学年及び第4学年	第5学年及び第6学年
A 話すこと・聞くこと	(1) 相手に応じ、身近なことなどについて、事柄の順序を考えながら話す能力、大事なことを落とさないように聞く能力、話題に沿って話し合う能力を身に付けさせるとともに、進んで話したり聞いたりしようとする態度を育てる。	(1) 相手や目的に応じ、調べたことなどについて、筋道を立てて話す能力、話の中心に気を付けて聞く能力、進行に沿って話し合う能力を身に付けさせるとともに、工夫をしながら話したり聞いたりしようとする態度を育てる。	(1) 目的や意図に応じ、考えたことや伝えたいことなどについて、的確に話す能力、相手の意図をつかみながら聞く能力、計画的に話し合う能力を身に付けさせるとともに、適切に話したり聞いたりしようとする態度を育てる。
B 書くこと	(2) 経験したことや想像したことなどについて、順序を整理し、簡単な構成を考えて文や文章を書く能力を身に付けさせるとともに、進んで書こうとする態度を育てる。	(2) 相手や目的に応じ、調べたことなどが伝わるように、段落相互の関係などに注意して文章を書く能力を身に付けさせるとともに、工夫をしながら書こうとする態度を育てる。	(2) 目的や意図に応じ、考えたことなどを文章全体の構成の効果を考えて文章に書く能力を身に付けさせるとともに、適切に書こうとする態度を育てる。
C 読むこと	(3) 書かれている事柄の順序や場面の様子などに気付いたり、想像を広げたりしながら読む能力を身に付けさせるとともに、楽しんで読書しようとする態度を育てる。	(3) 目的に応じ、内容の中心をとらえたり段落相互の関係を考えたりしながら読む能力を身に付けさせるとともに、幅広く読書しようとする態度を育てる。	(3) 目的に応じ、内容や要旨をとらえながら読む能力を身に付けさせるとともに、読書を通して考えを広げたり深めたりしようとする態度を育てる。

第1学年及び第2学年

　書かれている事柄の順序や場面の様子などに気付いたり、想像を広げたりしながら読む能力を身に付けさせるとともに、楽しんで読書しようとする態度を育てる。

第3学年及び第4学年

　目的に応じ、内容の中心をとらえたり段落相互の関係を考えたりしながら読む能力を身に付けさせるとともに、幅広く読書しようとする態度を育てる。

第5学年及び第6学年

　目的に応じ，内容や要旨をとらえながら読む能力を身に付けさせるとともに，読書を通して考えを広げたり深めたりしようとする態度を育てる。

　このように，違いに着目しながら見ると，「読むこと」の内容は，「読む能力」と「読書の態度」で構成され，それぞれ「事柄の順序，場面の様子，想像」→「内容の中心，段落相互の関係」→「内容や要旨」という系統性，「楽しむ」→「幅広く」→「考えを広げたり深めたりする」という系統性が考えられていることがわかる。また，読む能力の中には，説明的な文章に対応したもの，文学的な文章に対応したもの，双方に対応したものが含まれていることがわかる。

　こうして，学習指導要領における国語科の目標がどのような発想と配慮のもとに構成されているかが理解できる。

(4) 国語科の内容

　以上のような目標の構造のもとに，学習指導要領は，国語科の内容を規定している。その内容を目標とともに整理したものが「小学校学習指導要領解説国語編」に表として示されている。以下，3領域1事項に対応した表を掲げる（図表1-3，図表1-4，図表1-5，図表1-6）。

　それぞれの領域について，「内容(1)」では，領域に応じた構成がたてられ，4～6の事項をたてて，内容を示している。また，2008年告示の学習指導要領では，それまで「第3　指導計画の作成と内容の取り扱い」に示されていた言語活動例が「内容(2)」に掲げられ，重視することが示されている。これは，他教科においては，具体的な言語活動例が提示されていないことに比べて，大きな特徴となっている。

　この「内容」についても，「目標」と同じように，各学年を特徴づける言葉を拾いながら，その系統を考えて読むことが必要である。

小学校国語の教科目標

	小学校
教科目標	国語を適切に表現し正確に理解する能力を育成し，伝え合う力を高めるとともに，思考力や想像力及び言語感覚を養い，国語に対する関心を深め国語を尊重する態度を育てる。

図表1-3　A　話すこと・聞くこと

	第1学年及び第2学年	第3学年及び第4学年	第5学年及び第6学年
目標	(1) 相手に応じ，身近なことなどについて，事柄の順序を考えながら話す能力，大事なことを落とさないように聞く能力，話題に沿って話し合う能力を身に付けさせるとともに，進んで話したり聞いたりしようとする態度を育てる。	(1) 相手や目的に応じ，調べたことなどについて，筋道を立てて話す能力，話の中心に気を付けて聞く能力，進行に沿って話し合う能力を身に付けさせるとともに，工夫をしながら話したり聞いたりしようとする態度を育てる。	(1) 目的や意図に応じ，考えたことや伝えたいことなどについて，的確に話す能力，相手の意図をつかみながら聞く能力，計画的に話し合う能力を身に付けさせるとともに，適切に話したり聞いたりしようとする態度を育てる。
	(1) 話すこと・聞くことの能力を育てるため，次の事項について指導する。		
話題設定や取材	ア　身近なことや経験したことなどから話題を決め，必要な事柄を思い出すこと。	ア　関心のあることなどから話題を決め，必要な事柄について調べ，要点をメモすること。	ア　考えたことや伝えたいことなどから話題を決め，収集した知識や情報を関係付けること。
話すこと	イ　相手に応じて，話す事柄を順序立て，丁寧な言葉と普通の言葉との違いに気を付けて話すこと。 ウ　姿勢や口形，声の大きさや速さなどに注意して，はっきりした発音で話すこと。	イ　相手や目的に応じて，理由や事例などを挙げながら筋道を立て，丁寧な言葉を用いるなど適切な言葉遣いで話すこと。 ウ　相手を見たり，言葉の抑揚や強弱，間の取り方などに注意したりして話すこと。	イ　目的や意図に応じて，事柄が明確に伝わるように話の構成を工夫しながら，場に応じた適切な言葉遣いで話すこと。 ウ　共通語と方言との違いを理解し，また，必要に応じて共通語で話すこと。
聞くこと	エ　大事なことを落とさないようにしながら，興味をもって聞くこと。	エ　話の中心に気を付けて聞き，質問をしたり感想を述べたりすること。	エ　話し手の意図をとらえながら聞き，自分の意見と比べるなどして考えをまとめること。
話し合うこと	オ　互いの話を集中して聞き，話題に沿って話し合うこと。	オ　互いの考えの共通点や相違点を考え，司会や提案などの役割を果たしながら，進行に沿って話し合うこと。	オ　互いの立場や意図をはっきりさせながら，計画的に話し合うこと。

言語活動例	(2) (1)に示す事項については，たとえば，次のような言語活動を通して指導するものとする。		
	ア 事物の説明や経験の報告をしたり，それらを聞いて感想を述べたりすること。 イ 尋ねたり応答したり，グループで話し合って考えを一つにまとめたりすること。 ウ 場面に合わせてあいさつをしたり，必要なことについて身近な人と連絡をし合ったりすること。 エ 知らせたいことなどについて身近な人に紹介したり，それを聞いたりすること。	ア 出来事の説明や調査の報告をしたり，それらを聞いて意見を述べたりすること。 イ 学級全体で話し合って考えをまとめたり，意見を述べ合ったりすること。 ウ 図表や絵，写真などから読み取ったことを基に話したり，聞いたりすること。	ア 資料を提示しながら説明や報告をしたり，それらを聞いて助言や提案をしたりすること。 イ 調べたことやまとめたことについて，討論などをすること。 ウ 事物や人物を推薦したり，それを聞いたりすること。

図表1-4　B 書くこと

	第1学年及び第2学年	第3学年及び第4学年	第5学年及び第6学年
目標	(2) 経験したことや想像したことなどについて，順序を整理し，簡単な構成を考えて文や文章を書く能力を身に付けさせるとともに，進んで書こうとする態度を育てる。	(2) 相手や目的に応じ，調べたことなどが伝わるように，段落相互の関係などに注意して文章を書く能力を身に付けさせるとともに，工夫をしながら書こうとする態度を育てる。	(2) 目的や意図に応じ，考えたことなどを文章全体の構成の効果を考えて文章に書く能力を身に付けさせるとともに，適切に書こうとする態度を育てる。
取材 課題設定や	(1) 書くことの能力を育てるため，次の事項について指導する。		
	ア 経験したことや想像したことなどから書くことを決め，書こうとする題材に必要な事柄を集めること。	ア 関心のあることなどから書くことを決め，相手や目的に応じて，書く上で必要な事柄を調べること。	ア 考えたことなどから書くことを決め，目的や意図に応じて，書く事柄を収集し，全体を見通して事柄を整理すること。
構成	イ 自分の考えが明確になるように，事柄の順序に沿って簡単な構成を考えること。	イ 文章全体における段落の役割を理解し，自分の考えが明確になるように，段落相互の関係などに注意して文章を構成すること。	イ 自分の考えを明確に表現するため，文章全体の構成の効果を考えること。

記述	ウ 語と語や文と文との続き方に注意しながら，つながりのある文や文章を書くこと。	ウ 書こうとすることの中心を明確にし，目的や必要に応じて理由や事例を挙げて書くこと。 エ 文章の敬体と常体との違いに注意しながら書くこと。	ウ 事実と感想，意見などとを区別するとともに，目的や意図に応じて簡単に書いたり詳しく書いたりすること。 エ 引用したり，図表やグラフなどを用いたりして，自分の考えが伝わるように書くこと。
推敲	エ 文章を読み返す習慣を付けるとともに，間違いなどに気付き，正すこと。	オ 文章の間違いを正したり，よりよい表現に書き直したりすること。	オ 表現の効果などについて確かめたり工夫したりすること。
交流	オ 書いたものを読み合い，よいところを見付けて感想を伝え合うこと。	カ 書いたものを発表し合い，書き手の考えの明確さなどについて意見を述べ合うこと。	カ 書いたものを発表し合い，表現の仕方に着目して助言し合うこと。
	(2) (1)に示す事項については，たとえば，次のような言語活動を通して指導するものとする。		
言語活動例	ア 想像したことなどを文章に書くこと。 イ 経験したことを報告する文章や観察したことを記録する文章などを書くこと。 ウ 身近な事物を簡単に説明する文章などを書くこと。 エ 紹介したいことをメモにまとめたり，文章に書いたりすること。 オ 伝えたいことを簡単な手紙に書くこと。	ア 身近なこと，想像したことなどを基に，詩をつくったり，物語を書いたりすること。 イ 疑問に思ったことを調べて，報告する文章を書いたり，学級新聞などに表したりすること。 ウ 収集した資料を効果的に使い，説明する文章などを書くこと。 エ 目的に合わせて依頼状，案内状，礼状などの手紙を書くこと。	ア 経験したこと，想像したことなどを基に，詩や短歌，俳句をつくったり，物語や随筆などを書いたりすること。 イ 自分の課題について調べ，意見を記述した文章や活動を報告した文章などを書いたり編集したりすること。 ウ 事物のよさを多くの人に伝えるための文章を書くこと。

図表1-5　C 読むこと

	第1学年及び第2学年	第3学年及び第4学年	第5学年及び第6学年
目標	(3) 書かれている事柄の順序や場面の様子などに気付いたり，想像を広げたりしながら読む能力を身に付けさせるとともに，楽しんで読書しようとする態度を育てる。	(3) 目的に応じ，内容の中心をとらえたり段落相互の関係を考えたりしながら読む能力を身に付けさせるとともに，幅広く読書しようとする態度を育てる。	(3) 目的に応じ，内容や要旨をとらえながら読む能力を身に付けさせるとともに，読書を通して考えを広げたり深めたりしようとする態度を育てる。
	(1) 読むことの能力を育てるため，次の事項について指導する。		
音読	ア 語のまとまりや言葉の響きなどに気を付けて音読すること。	ア 内容の中心や場面の様子がよくわかるように音読すること。	ア 自分の思いや考えが伝わるように音読や朗読すること。
効果的な読み方			イ 目的に応じて，本や文章を比べて読むなど効果的な読み方を工夫すること。
説明的な文章の解釈	イ 時間的な順序や事柄の順序などを考えながら内容の大体を読むこと。	イ 目的に応じて，中心となる語や文をとらえて段落相互の関係や事実と意見との関係を考え，文章を読むこと。	ウ 目的に応じて，文章の内容を的確に押さえて要旨をとらえたり，事実と感想，意見などとの関係を押さえ，自分の考えを明確にしながら読んだりすること。
文学的な文章の解釈	ウ 場面の様子について，登場人物の行動を中心に想像を広げながら読むこと。	ウ 場面の移り変わりに注意しながら，登場人物の性格や気持ちの変化，情景などについて，叙述を基に想像して読むこと。	エ 登場人物の相互関係や心情，場面についての描写をとらえ，優れた叙述について自分の考えをまとめること。
自分の考えの形成及び交流	エ 文章の中の大事な言葉や文を書き抜くこと。 オ 文章の内容と自分の経験とを結び付けて，自分の思いや考えをまとめ，発表し合うこと。	エ 目的や必要に応じて，文章の要点や細かい点に注意しながら読み，文章などを引用したり要約したりすること。 オ 文章を読んで考えたことを発表し合い，一人一人の感じ方について違いのあることに気付くこと。	オ 本や文章を読んで考えたことを発表し合い，自分の考えを広げたり深めたりすること。
目的に応じた読書	カ 楽しんだり知識を得たりするために，本や文章を選んで読むこと。	カ 目的に応じて，いろいろな本や文章を選んで読むこと。	カ 目的に応じて，複数の本や文章などを選んで比べて読むこと。

	(2) (1)に示す事項については，たとえば，次のような言語活動を通して指導するものとする。		
言語活動例	ア　本や文章を楽しんだり，想像を広げたりしながら読むこと。 イ　物語の読み聞かせを聞いたり，物語を演じたりすること。 ウ　事物の仕組みなどについて説明した本や文章を読むこと。 エ　物語や，科学的なことについて書いた本や文章を読んで，感想を書くこと。 オ　読んだ本について，好きなところを紹介すること。	ア　物語や詩を読み，感想を述べ合うこと。 イ　記録や報告の文章，図鑑や事典などを読んで利用すること。 ウ　記録や報告の文章を読んでまとめたものを読み合うこと。 エ　紹介したい本を取り上げて説明すること。 オ　必要な情報を得るために，読んだ内容に関連した他の本や文章などを読むこと。	ア　伝記を読み，自分の生き方について考えること。 イ　自分の課題を解決するために，意見を述べた文章や解説の文章などを利用すること。 ウ　編集の仕方や記事の書き方に注意して新聞を読むこと。 エ　本を読んで推薦の文章を書くこと。

第1章　小学校学習指導要領「国語」の内容構成の特色

図表1-6　伝統的な言語文化と国語の特質に関する事項

	第1学年及び第2学年	第3学年及び第4学年	第5学年及び第6学年
	（1）「A 話すこと・聞くこと」，「B 書くこと」及び「C 読むこと」の指導を通して，次の事項について指導する。		
ア 伝統的な言語文化に関する事項	（ア）昔話や神話・伝承などの本や文章の読み聞かせを聞いたり，発表し合ったりすること。	（ア）易しい文語調の短歌や俳句について，情景を思い浮かべたり，リズムを感じ取りながら音読や暗唱をしたりすること。 （イ）長い間使われてきたことわざや慣用句，故事成語などの意味を知り，使うこと。	（ア）親しみやすい古文や漢文，近代以降の文語調の文章について，内容の大体を知り，音読すること。 （イ）古典について解説した文章を読み，昔の人のものの見方や感じ方を知ること。
イ 言葉の特徴やきまりに関する事項	（ア）言葉には，事物の内容を表す働きや，経験したことを伝える働きがあることに気付くこと。 （イ）音節と文字との関係や，アクセントによる語の意味の違いなどに気付くこと。 （ウ）言葉には，意味による語句のまとまりがあることに気付くこと。 （エ）長音，拗音，促音，撥音などの表記ができ，助詞の「は」，「へ」及び「を」を文の中で正しく使うこと。 （オ）句読点の打ち方や，かぎ（「　」）の使い方を理解して文章の中で使うこと。 （カ）文の中における主語と述語との関係に注意すること。 （キ）敬体で書かれた文章に慣れること。	（ア）言葉には，考えたことや思ったことを表す働きがあることに気付くこと。 （イ）漢字と仮名を用いた表記などに関心をもつこと。 （ウ）送り仮名に注意して書き，また，活用についての意識をもつこと。 （エ）句読点を適切に打ち，また，段落の始め，会話の部分などの必要な箇所は行を改めて書くこと。 （オ）表現したり理解したりするために必要な語句を増し，また，語句には性質や役割の上で類別があることを理解すること。 （カ）表現したり理解したりするために必要な文字や語句について，辞書を利用して調べる方法を理解し，調べる習慣を付けること。 （キ）修飾と被修飾との関係など，文の構成について初歩的な理解をもつこと。 （ク）指示語や接続語が文と文との意味のつながりに果たす役割を理解し，使うこと。	（ア）話し言葉と書き言葉との違いに気付くこと。 （イ）時間の経過による言葉の変化や世代による言葉の違いに気付くこと。 （ウ）送り仮名や仮名遣いに注意して正しく書くこと。 （エ）語句の構成，変化などについての理解を深め，また，語句の由来などに関心をもつこと。 （オ）文章の中での語句と語句との関係を理解すること。 （カ）語感，言葉の使い方に対する感覚などについて関心をもつこと。 （キ）文や文章にはいろいろな構成があることについて理解すること。 （ク）日常よく使われる敬語の使い方に慣れること。 （ケ）比喩や反復などの表現の工夫に気付くこと。

19

ウ 文字に関する事項	(ア) 平仮名及び片仮名を読み，書くこと。また，片仮名で書く語の種類を知り，文や文章の中で使うこと。 (イ) 第1学年においては，別表の学年別漢字配当表（以下「学年別漢字配当表」という。）の第1学年に配当されている漢字を読み，漸次書き，文や文章の中で使うこと。 (ウ) 第2学年においては，学年別漢字配当表の第2学年までに配当されている漢字を読むこと。また，第1学年に配当されている漢字を書き，文や文章の中で使うとともに，第2学年に配当されている漢字を漸次書き，文や文章の中で使うこと。	(ア) 第3学年においては，日常使われている簡単な単語について，ローマ字で表記されたものを読み，また，ローマ字で書くこと。 (イ) 第3学年及び第4学年の各学年においては，学年別漢字配当表の当該学年までに配当されている漢字を読むこと。また，当該学年の前の学年までに配当されている漢字を書き，文や文章の中で使うとともに，当該学年に配当されている漢字を漸次書き，文や文章の中で使うこと。 (ウ) 漢字のへん，つくりなどの構成についての知識をもつこと。	(ア) 第5学年及び第6学年の各学年においては，学年別漢字配当表の当該学年までに配当されている漢字を読むこと。また，当該学年の前の学年までに配当されている漢字を書き，文や文章の中で使うとともに，当該学年に配当されている漢字を漸次書き，文や文章の中で使うこと。 (イ) 仮名及び漢字の由来，特質などについて理解すること。
	(2) 書写に関する次の事項について指導する。		
書写に関する事項	ア 姿勢や筆記具の持ち方を正しくし，文字の形に注意しながら，丁寧に書くこと。 イ 点画の長短や方向，接し方や交わり方などに注意して，筆順に従って文字を正しく書くこと。	ア 文字の組立て方を理解し，形を整えて書くこと。 イ 漢字や仮名の大きさ，配列に注意して書くこと。 ウ 点画の種類を理解するとともに，毛筆を使用して筆圧などに注意して書くこと。	ア 用紙全体との関係に注意し，文字の大きさや配列などを決めるとともに，書く速さを意識して書くこと。 イ 目的に応じて使用する筆記具を選び，その特徴を生かして書くこと。 ウ 毛筆を使用して，穂先の動きと点画のつながりを意識して書くこと。

3　学習指導要領国語科における「言語活動」と「伝統的な言語文化」

(1) 言語活動

　2008年告示の学習指導要領では、「総則」において、次のような形で「言語活動の充実」を規定した。

　　○第4　指導計画の作成等に当たって配慮すべき事項
　　2(1)　各教科等の指導に当たっては、児童の思考力、判断力、表現力等をはぐくむ観点から、基礎的・基本的な知識及び技能の活用を図る学習活動を重視するとともに、言語に対する関心や理解を深め、言語に関する能力の育成を図る上で必要な言語環境を整え、児童の言語活動を充実すること。

　これは、PISA調査における不振などを背景として[2]、中央教育審議会答申（2008年1月）でも、その対応策の1つとして言語活動の充実が改善事項の1つにあげられたことによる。

　国語科においては、以前から、「内容の指導については、当該学年の目標を達成するために、話す、聞く、書くおよび読む活動について学年の発達段階に応じた適切な言語活動を選び、また、それらを組み合わせて学習活動を組織すること」（平成元年、学習指導要領）が規定されていた。しかし、この場合の「言語活動」は、「話す活動」や「書く活動」を意味するものだった。

　それが、1998年の学習指導要領では、「1 目標」「2 内容」に続くものとして「3 内容の取扱い」が示され、そこに言語活動の具体的な例示がなされた。たとえば、第1学年及び第2学年の書くことでは、「絵に言葉を入れること、伝えたいことを簡単な手紙などに書くこと、先生や身近な人などに尋ねたことをまとめること、観察したことを文などに表すことなど」となっている。これは、単なる一般的な言語による活動ではなく、目的を持った学習活動そのものである。「総合的な学習の時間」の創設に伴い、国語科が言語を通した学習活動のあり方そのものに中核的な位置をしめることになったということも

影響している。

　2008年告示の学習指導要領においては，この言語活動例が，内容の(2)として位置づけられた。知識および技能の活用を図る学習活動を重視し，言語環境の整備と言語活動の重視が全教科・領域で配慮される前提として，国語科における言語活動のよりいっそうの充実が要請されたわけである。

　しかし，こうした全教科・領域にわたって重視される言語活動が具体的にどのような学習活動なのかについては明確な定義がなされていない。国立教育政策研究所などから，さまざまな事例集が提示されているが，学習活動は実際の学習集団の特性(学力や興味関心など)によって変わるので，教師が意識的にそれをデザインしなければならないため，機械的な適用はできない。教師の主体的な取り組みが必要になる。次のような定義を参考に，学習指導要領や事例集の例示にこだわらず，言語活動をつくる必要がある。

　　　探究的な課題のもとに活用を図ることにより，言語的思考にかかわる
　　知識・技能および教科にかかわる知識・技能を確かなものとする，言語
　　による表現を伴う相互作用的な活動[3]。

(2) 伝統的な言語文化

　「伝統的な言語文化」は，2008年学習指導要領で新たに設定された内容である。小学校では，これまで古典文学に関する具体的な学習内容は指定されていなかったが，初めて「伝統的な言語文化と国語の特質に関する事項」の中に位置づけられた。そして，その内容として，第1学年および第2学年では「昔話や神話・伝承」，第3学年および第4学年では「文語調の短歌や俳句」「ことわざや慣用句，故事成語」，第5学年および第6学年では「古文や漢文」「文語調の文章」「古典について解説した文章」が示された。

　「伝統的な言語文化」という呼び方は，従来の「古典」という呼び方に比べ，より幅広い意味を持ち，より言語生活に寄った形で，積極的に継承すべき文化として古典を捉えるという意味合いを持っている。したがって，これは従来の中学校や高等学校における古典の学習が小学校におりてきた，というふうに理解すべきではない。実際に2008年告示の「中学校学習指導要領」，

2009年告示の「高等学校学習指導要領」でも,「伝統的な言語文化」という用語が用いられると同時に,小学校における学習内容とのつながりをも意識した記述がされており,従来の文法学習などに偏った内容から小中高一貫した内容として古典学習を生まれ変わらせようとする意図が見えるものとなっている。

確認問題

1 「聞くこと・話すこと」「書くこと」「読むこと」の3領域のうち,1領域を取りあげ,第1学年から第6学年までの6学年にわたる学年ごとの内容に組み替えよう(2学年ごとのまとまりの内容を,学年ごとにバラす。表にする)。それぞれの学年に分けた理由も併せて書こう。
2 伝統的な言語文化についての学習指導要領の記載を読み返し,それぞれの学年においてどのような教材がふさわしいかを例示し,その理由を述べよう。実際に使われている教科書を参考にしてもよい。
3 学習指導要領の変遷において,内容の構成がどう変わってきたか,また,その変化の意味について調べてまとめよう。

注・引用文献
1) 輿水実「言語教育の方法」『コトバ』第3巻第11号(1941年),国語文化研究所,p.70
2) PISAとは,2000年からOECD(経済協力開発機構)が行っている学習到達度調査 Programme for International Student Assessment。従来学力が高いとされていた日本のポイントが先進国の中で相対的に低かった。
3) 松本修「課題を持って話す関連指導——保育園との連携」〈特集 年間を貫く"継続的に行う言語活動"一覧〉『教育科学 国語教育』2014年3月号,明治図書出版

より深く学習するための参考文献
・文部科学省『小学校学習指導要領』
・文部科学省『小学校学習指導要領解説国語編』
・文部科学省『言語活動の充実に関する指導事例集』
　※以上は出版されているが,文部科学省のウェブサイトからもダウンロードできる。
・高木まさき『国語科における言語活動の授業づくり入門』教育開発研究所,2013年

第2章 話すこと・聞くこと

　話し合い活動を活性化するための練習として，ディベートの手法を取り入れた討論会を行う。そのメリットには，話し合いの指導事項が明確になったり，聞き手の指導が確実になされるようになったりすることが挙げられる。実践に向けては，教科書を手引書として活用し，討論会の流れの中に位置づけられた学習者の役割を指導していくことが肝要である。

キーワード

討論会　教室ディベート　役割　反論

1　ディベートと討論会の違い

（1）討論会で何を目指すのか

　映画『グレート・ディベーター　栄光の教室』には，アメリカの大学生が本格的なディベートに取り組むようすが描かれている。教職教養として観ておくとよいが，当然のことながら映画で描かれているような学習指導を小学校の国語科で行うわけではない。小学校の教室では話し合い活動を活性化するために，話し合いの練習としてディベートの手法を取り入れた討論会を行うのである。

　1990年代，小中学校においてディベート実践が盛んに行われるようになったが，本格的なディベートとは異なることから「教室ディベート」と称する

立場があった。しかし，教室ディベートの実践は，本格的なディベート指導者の目から見ると戸惑いを覚えることがあるらしい。教室ディベートの実践報告を読んだディベートトレーナーの西部直樹は言う[1]。

> 価値観を問う論題を，政策を問う方法で論じることはできない。政策の是非を事実の有無だけで論じることはできない。
>
> これは当然のことなのだが，教育現場でこの違いは意識されているのだろうか。

報告された教室ディベートの実践について，論題の性質と議論の展開方法との関係が吟味されていないと専門的な立場から指摘している。しかし，教室ディベートを指導している一般の小中学校の教員は，その多くがディベートの本格的な研修や訓練を受けていない。ディベートの実践を報告する教師の多くが，ディベートに関する文献を頼りに授業改善を試みているのである。

また，教室における実際の話し合いでは，異なる意見が出た場合，お互いに歩み寄って折衷案で話し合いをまとめることもある。しかし，この教材ではディベートの手法を取り入れるので意見を対立させる話し合いを行う。まず，この違いは理解しておきたい。

討論会の授業を行うとき，ディベートに取り組むという気負いは不要である。学級担任がさまざまな場面で指導している話し合いについて，授業改善を試みるつもりで教材研究をするとよい。子どもたちに話し合いの指導をしていきながら，立場の異なる意見に耳を傾けることの面白さ，メリットとデメリットを勘案して意見を述べることの難しさなどに気づかせるようにするのである。

(2) ディベートの手法を取り入れた討論会

近年，国語科教育ではディベートは概ね次のように理解されている[2]。

> 特定の論題に対し，無作為に肯定，否定の2組に分かれ，一定のルールの基に，同じもち時間で，尋問，反駁を行い，相手や聴衆を説得する技術を競い，第三者である審判が勝負を宣する競技としての討論をいう。

参加者の役割や討論の展開の型が決まっていること、競技であることに大きな特徴がある。また、立論、尋問、反駁と言った用語は、小学校ではわかりやすくするために、それぞれ主張、質問、反論という言葉で置き換えられることが多い。

ただ一点、「無作為に肯定、否定の2組に分」けるという方法については、実践する側の吟味を要する。小学校では授業者の判断で、立場を子どもに選ばせることもありうる。無作為に立場を決められては立論が難しくなるという学習者の実態があれば、柔軟に運用すればよい。教材と学習者の実態を摺り合わせるのである。このようにディベートの手法を教室の実態に応じて変えていくところが「教室ディベート」と呼ばれるゆえんであり、「ディベートではない」と言われるゆえんでもある。

これは体育の授業で高学年でサッカーを指導する前段階として、ゴールエリアの広いラインサッカーを中学年で指導することに似ている。狭いゴールでは得点が入りづらいので、ゲームの楽しさを味わわせるためにゴールを広くするのである。

また、小学校では古典も指導するようになった。かつては故事成語は中学1年の教科書に掲載されていたが、今では小学4年生の教科書に掲載されている。5年生で「春暁」、6年生で「枕草子」が取り上げられている。「学習指導要領」が改定され、伝統的な言語文化を指導するようになったからである。英語も古典も小学校で指導する際には、中学高校で行われている授業の前倒しにならないような配慮が求められる。ディベートもこれらと同じである。小学校で本格的なディベートを指導していこうというのではない。ディベートの手法を取り入れた討論会を行い、学級における話し合い活動を活発にしていくのである。

2　討論会にディベートの手法を取り入れるメリット

話し合うことの学習にディベートの手法を取り入れるのはなぜであろうか。それは漠然と話し合いの指導をしようとする授業よりも、授業の改善が期待できるからである。改善点は大きく3つある。

(1) 話し合いの指導事項が明確になる

　学級担任であれば毎日のように話し合いの指導をしなければならない。国語科に限らず，たとえば算数科では解法について話し合い，理科では実験の予想について話し合う。道徳では登場人物の心情を，学級会では学級の問題点などを話し合う。朝の会や帰りの会でも，大事な問題については教師による一方的な押しつけを避けるために，子どもたちに話し合わせることは多い。

　しかし，そういった話し合い活動も適切な指導がなされないと，一部の話したがる子どもや影響力のある子どもに話し合いが方向づけられたり，子どもの人間関係が話し合いに反映されたりすることがある。話し合いの指導は学級経営に大きく影響するのである。

　ここで具体的に考えてみたい。一般的に話し合いの指導はどのようになされるだろうか。たとえば，学級会の時間を使ってレク活動をすることになったとしよう。担任として与える活動時間は１単位時間(45分)。学級の子どもたちはどのような話し合いを経て，活動内容を決定していくだろうか。指導者によって細かな指導の違いはあろうが，おおよそ次のような流れで話し合いを進めるだろう。

　　①子どもたちのやりたいことをすべて出させる。
　　②その中から適切でないものを否定していき，２つに絞る。
　　③絞った２つについて討論する(例：サッカーか長縄か)。
　　④多数決を採る。

　②で，ある案を否定する時，話し合いは対立を生み，討論の様相を帯びてくる。あっさり否定を受け入れ消えていく案があったり，多数決を経て消えたり残ったりする案がある。

　また，③における討論が，２つの主張，質問，反論，そして最終弁論を踏まえて多数決を採るというような点でディベートの活動に近い。要するに対立する話し合いの中心的な活動はディベート的なのである。だから，ディベートの活動要素である，主張，質問，反論，審判について指導し，これらを

自覚して話し合いの経験を積んでおけば，子どもは話し合いの進め方が上手になることが期待できる。

ただ，司会については進行が決まっているディベートとは異なり，討論では子どもが行うのは難しい。討論の授業では教師が子どもの意見を束ねる，似た意見は続けて言わせるなどといった指導のコツがいくつもあり，そういった指導を教師が要所要所で行わないと討論は円滑に進まない。

(2) 聞き手の指導が確実になされる

話すこと聞くことの学習について教材研究をするとき，教育実習生や若い教師が疎かにしがちなのが「聞き手の指導」である。話し手については指導事項を明確にし，発表内容も事前に確認するだろう。話し手の指導を疎かにしては授業にならないことは誰にでもわかる。

ところが聞き手に対する指導が疎かでも，話し手中心の発表型の授業であれば，発表が続いていればどうにか授業は展開しているように見える。しかし，そのような展開では，聞き手は話を漫然と聞いてしまいがちである。その結果，上の空の聞き手による形式的な称賛の拍手が行われる発表会になりかねない。

これに対してディベートでは，学習者の役割を明確にする。論者はもちろんのこと，聞き手には審判という役割が与えられ，事前に学んだ観点にそって論者に優劣をつけなければならない。だからディベートの最中，審判は上の空ではいられなくなるのである。

通常の話し合い活動では，上の空であっても聞き手としてその場にいることはできる。しかし，そのような場での学習をいくら重ねても聞き手を育てることはできない。ディベートの手法を取り入れれば，聞き手に明確な課題を与えることになり，積極的な聞き手に育てることができる。

(3) 論と人とを区別することを学ぶ

ディベートの手法の1つに，無作為に立場を割り振ることがある。実践でこれを取り入れるか否かは授業者の判断によることを述べたが，取り入れる際に併せて指導していくことは「論と人とを区別する」ことである。

授業中，子どもたちの話し合いが討論へと展開するとき，子どもにとって論と人とは区別し難い。たとえば，A君はサッカーがしたい。Bさんは長縄跳びがしたい。そのような討論をしているとき，意見を言えば反対意見が出されるのが当然である。しかし，中には反論されることを嫌がったり，反論に傷つく子どもがいる。反論によって自分自身の存在が否定されたと感じてしまうのである。勉強が得意で意見がノートに書けていても話し合いになかなか参加しようとしない子どもがいるが，そのような子どもの中には反論されるのが嫌で黙っている場合がある。

　反論に関する問題は何も子どもの世界だけの話ではなく，大人でも議論の際の発言内容や表現，言い方などがきっかけとなり人間関係がぎくしゃくしてしまうことがある。論と人とを区別することはそれほど容易なことではない。だからこそ，小学校の段階で無作為に立場を割り振って立論させるような指導，つまり客観的に意見を述べさせる学習が意味を持つとも考えられる。ただし，このような客観的に立論する学習は，子どもの発達段階を考慮して高学年くらいから行うのが適当であろう。

3　教材研究　教育出版・5年上「討論会をしよう」

(1) 対象教材の位置

　「討論会をしよう」という教科書教材は，年間という横糸と，学年という縦糸によって紡がれるカリキュラムのどこに位置するのか。

　まず，年間という横糸（図表2-1）である。

図表2-1　5年生「話す聞く」教材の年間の系統

月	単元名	教材名
4	声に出して伝え合おう	すいせんのスピーチをしよう
7	根拠や理由を明らかにして話し合おう	討論会をしよう
1	内容を的確におさえる	効果的に発表しよう

　5年生では「スピーチ」「討論会」「発表」という順で学習していく。どの

学習でも交流活動が含まれてくるが,「スピーチ」は４月からの学級づくりにおける日常的な活動として取り組みやすく,朝の会などを利用して子どもに場数を踏ませることができる。「討論会」は他教科関連,たとえば社会科で調べて考えたことを基にした活動が期待できる。「発表」は総合学習などで継続して追究してきた内容をまとめ,他学級,他学年の子どもを対象に行うことが想定される。

次に,学年という縦糸(図表2-2)である。

図表2-2 「話し合い」教材の学年の系統

学年	単元名	教材名
3	相手や目的におうじて話し合う ・司会者や記録者などの役割に気をつけましょう。	学校生活に生かす話し合いをしよう
4	相手や目的におうじて話し合う ・司会者や提案者など,役割に気をつけましょう。	学級で話し合おう
5	根拠や理由を明らかにして話し合う ・自分の立場を決めて,話し合いましょう。	討論会をしよう
6	根拠や理由を明らかにして話し合う ・たがいの意見を出し合って,考えを深めましょう。	パネルディスカッションをしよう

単元名は中学年と高学年ではそれぞれが同じで,中黒(・)で示した単元のめあてが異なってくる。各学年の単元のめあてを読み比べると指導の系統のようなものを感じるだろう。しかし,これは教科書編集上の便宜であって,絶対的な指導の順番ではないことに留意したい。

たとえば,３,４年生の「司会者」「記録者」「提案者」という「役割」の指導は,学級の実態に応じてどの学年であっても指導する必要がある。それが螺旋的な指導であり,繰り返しの指導である。算数のように指導事項を積み上げていくような段階的な指導とは異なるのである。

これと同じように,機会をとらえて手紙を書く言語活動はどの学年でも行われる。しかし,１年生と６年生で,あるいは低学年と高学年で,同じ指導を行うわけではない。指導事項や目標などが異なってくるのである。

(2) 教材の構成

6ページにわたり次のように構成されている。

- ・導入として，課題設定と討論会のねらいが述べられている（1／6）
- ・「討論会の準備」「作戦の立て方」「司会者」「審判」の説明（2／6）
- ・記入したワークシート「主張カード」「反論カード」（3／6）
- ・「討論会の流れ」「ここが大事」（話し方，聞き方のポイント）（4／6）
- ・審判，討論会の進め方の説明（5／6）
- ・記入したワークシート「審判　めやすの表」（6／6）

本教材の特徴は，記入したワークシートで２ページを割いていることである。この記入したワークシートは子どもにとって新しい言語活動に取り組む際のガイドになると同時に，指導する教師の教材研究のヒントにもなっている。ノート代わりに与えるワークシートとは大きく異なる点に留意したい。

また，記入したワークシートは一部が省略されている。これは紙幅の都合もあるだろうが，授業者に学級の実態を考慮して仕上げてほしいという編集側の願いとも受け取れる。本来ワークシートというものは利用者が何も考えないで印刷するのではなく，ワークシートの内容を教材研究のときに確認し，学級の実態に合わせて修正して活用するものだからである。

今回は教室ディベートを志向する討論会なので，活動の順序を示す「討論会の流れ」（4／6）は授業のナビゲーションとしての役割を果たす。このように学習に見通しを与える資料は，討論会をしている間にも参照できるよう，模造紙に書いて掲示しておきたい。

最後に本教材でおさえられている学習者の役割と言語活動を整理しておく。

討論会における役割は，司会，論者Ａ，論者Ｂ，審判の４つがある。それらを学級の子どもたちに割り当てる。なお，掲載されている「討論会のようす」の写真では，司会が２名，論者Ａ，論者Ｂがそれぞれ３名ずつ，審判が６名となっている。司会と論者を決めたら，残りの子どもは全員審判となる。

それぞれの言語活動はこうである。司会は予定時間を意識しつつ，展開の型に則って進行する。論者はＡ，Ｂともに主張と反論，最終弁論を行う。審

判は論者の発言を評価しながら聞き、最後に判定を行う。
　「討論会の流れ」を整理すると、論者Aの主張→論者Bの主張→Bの反論→Aの反論→（それぞれ意見をまとめる）→Bの最終弁論→Aの最終弁論→審判による判定、というようになる。

（3）実践に向けての追究課題

　教材研究が進めば、「では実際の授業ではどうしたらいいのだろうか」と、指導法に対する疑問が生じてくるだろう。まずは、忘れないように、思いついたことはどんどんメモしておくとよい。湧いてきた疑問に答えを見つけていくことが教材研究である。

　指導案の中には「指導上の留意点」「本時の手立て」などの具体的な指導の要点を書く。これは指導案を作成する段階で思いついた内容を書くのではない。定番的な留意点も書くのだが、教材研究の段階で生じた疑問に対しての自分なりに答えを書くという面もある。そして自分の問題意識から生まれた留意点や手立ては、「こういう子どもに対して、こういう手立てをとれば、こういう学習が成立する」という研究の中心課題に発展する可能性もある。

　以下、教材研究の中で追究すべき課題のヒントを示しておく。

【論題をどうするか】

　教材で取り上げている論題は「友達の誕生日を祝う気持ちを伝えるのに、手紙がよいか、電話がよいか」である。導入レベルでは調査活動が必要ではない論題で行い、討論会そのものに慣れるようにしたい。そのほうが子どもたちは立論や質問、反論の仕方といった討論会の方法に意識を向けやすくなる。いわゆる「方法を学ぶ」段階である。

　国語科で方法を学んだ後は、ほかの教科や領域の学習のなかで適切な論題を設定して討論会を行うことが考えられる。

【グループ分けをどうするか】

　本格的なディベートでは、グループ分けは無作為に行う。そこにディベートの特徴の1つがあるのだが、小学生の場合、無作為に立場を押しつけられ

ることに戸惑うことが予想される。子どもたちはこれまでのどの教科・領域の学習でも，自分の立場は自分で決めて，話し合いに参加してきたからである。そのような実態を考慮して本教材では，どちらのグループで主張するかを子どもに決めさせる。

しかし，ここでの学習から発展して「教室ディベート」に取り組む際は，グループ分けを無作為に行うことも考えられる。たとえば6人で班をつくり，班の中を3人ずつでAグループ，Bグループに分ける。そして教師が，Aは手紙，Bは電話というふうに立場を決めて，立論させるのである。そこで行われる実践では，立場を明確にして話し合いに参加するという授業のめあてを達成するようにしたい。

【発表の練習をどうするか】

高学年にもなると放課後の子どもたちは忙しい。「自分たちでスケジュールを調整して放課後にでも集まって練習しなさい」では指導にならないのである。小学校の学習では発表練習の時間も授業で保証すべきである。そのためには授業時間の弾力的な運用が必要である。

たとえば，討論会がある週の読書の時間は，論者のグループは図書室に行かないで教室で発表の練習をさせるのである。こうした運用をするときには子どもの間に不公平感が生じないように，1年間でどの子も一度は論者になるように配慮したい。

4　先行研究に学ぶ

(1) 反論指導の重視

話し合いの授業を改善する視点として，修辞学の専門家である香西秀信は次のように言う[3]。

多忙な教育現場では，議論指導のために多くの時間を割く余裕はない。それならば反論の訓練だけやればいい。議論の能力を高めるためには，反論の技術を身につけるだけで十分である。少なくとも，学校教育に期待

されている程度の成果なら，それで十分にあげることができる。

　反論は討論会における指導事項の1つであるが，その指導に力点を置けという主張である。確かに討論会の指導をするときには，論題の設定から立論の指導，ワークシートの作成などの準備に時間がかかる。また，授業者が全体の進行に注意していると，個別の反論に関する指導がなおざりになる可能性がある。しかし，効果的な反論ができないと議論が噛み合わなくなり，討論会が用意した原稿を読み上げるだけの意見交換会になってしまう。

　また，反論に指導の重点を置くことのメリットは話し合いの授業だけでなく，意見文指導にも関連する。香西は「意見を述べるとは，反論すること」という立場を明確にし，「誰も反対しないことを主張させる現行の意見文指導」を批判している。話し合いの指導であっても，意見文の指導であっても，その根本となる反論の指導をしなければ本質的な学習は成立しない。

　さらに学級経営に目を向けてみる。学級担任は日々子どもたちの意見に耳を傾け，何らかの対応をしている。時として子どもたちの要求を受け入れることもあるが，利己的な意見や状況を無視した意見などには，教師が反論して学級の秩序を維持する場面がある。とりわけ学級の中に発言力のある子どもがいる場合，その子どもの発言が担任よりも重みがあったらどうなるか。その学級は子どもに支配され，学級は崩壊していくことになるだろう。だから，担任はビジョンをもって学級を経営し，子どもの要求に対しては反論を含め適切に対応していかなければならない。

(2) 仮説実験授業における討論

　板倉聖宣が提唱している仮説実験授業では，その学習活動において予想時の討論を重視している。主たる研究教科は理科だが，討論のようすを報告した授業記録や，討論に関する考察は，討論のあり方を考えるうえで参考になる。

　たとえば，討論の授業がうまくいかなかった原因を探るとき，大雑把な印象で反省したのでは子どもの未熟さを原因としがちである。しかし，小学校教諭として仮説実験授業を実践する立場から上廻昭は言う[4]。

教師は，わかりづらい児童の発言の意味をクラス全員に理解させよう
　　としてよく復唱してやりますが，このとき教師が意味をとりちがえて討
　　論を混乱させることがきわめて多いのです。

　子どもの発言が舌足らずであったり，考え方に飛躍があったりすると，授
業者は子どもの発言内容を理解することに集中してしまい，対応に失敗する
ことがある。このような事実は，授業後，参観者に指摘されて気づくことが
多い。しかし，自分自身で授業を振り返る場合には，客観的に討論の過程を
分析していかないと気づくことは難しい。
　また，一般的に話し合いや討論の授業では，発言をしていないと授業に参
加していないと考えられることがある。これに対して上廻は言う[5]。

　　　すべての子どもが，他人の発言をつねに自分の予想，考えと対比させ
　　批判しながら聞き，あるときは自分の考えに自信をつけたり，あるとき
　　はそれに訂正を加えたりしているのです。

　これは国語科の立場から言えば，聞き手の指導がなされているということ
になるだろう。

(3) マイクロディベートという練習法

　40人学級で討論会を行う際，すべての子どもに論者を経験させることは時
間的に難しい場合がある。また，学級全体を前にして発言することは，発言
に慣れていない子どもにとって精神的な負担を強いられることになる。
　こうしたデメリットを改善するのが，マイクロディベートと呼ばれるディ
ベートの練習である。これは3人という小グループ内でディベートを3回行
い，3人が否定・肯定・審判をそれぞれ1回務めるようにするものである。こ
の練習を取り入れれば，どの子どもも討論会の主要な役割を経験することが
できる。

図表2-3　3人で3回行うマイクロディベートの役割分担表

	Aさん	Bさん	Cさん
1回目のマイクロディベート	肯定	否定	審判
2回目のマイクロディベート	審判	肯定	否定
3回目のマイクロディベート	否定	審判	肯定

　表を見ればわかるように，Aさんは1回目のマイクロディベートでは肯定の立場で立論し，2回目で審判，3回目で否定の立場で立論する。しかも一人で行うのである。一人で取り組ませる分，事前の指導を丁寧に行わないと「何をしたらよいのかわからない」というような失望感を味わわせることになる。また，グループ数が多くなる分，活動中につまずいている子どもへの個別支援が難しくなるというデメリットも理解しておきたい。

　このようなマイクロディベートの実践が教えることは，教育実践には教師の創意工夫が求められるということである。討論会の授業をしてみてうまくいかなかったり，問題を感じたりすることがあったなら，先行実践から学び，自分の学級に応用できるようにアレンジしてみることである。学び続けるということは，そういうことである。

確認問題

1　大学生の友人と討論会を開くとしたら，どのような論題を設定すれば活発な討論になると考えられるか。論題の例を3つ以上示そう。
2　新聞の投書欄を読み，自分が本気で反論したいと思う投書を選び出し，その投書に対して600字程度で反論しよう。その際，相手の文章の一部を必ず引用すること。
3　図書館に行き，板倉聖宣の著作や仮説実験授業研究会の会員が報告する授業記録を収めた図書を借りてこよう。そして次の手順で教師の指導言の有効性を吟味しよう。
　①興味のある教材における討論の授業場面をコピーする。
　②教師の指導言に赤線を引く。

③その指導言が子どもの発言に受け入れられているか，吟味する。

引用文献
1) 西部直樹「教室ディベート文献の批判」藤岡信勝編著『教室ディベート入門事例集』学事出版，1994年，p.20
2) 日本国語教育学会編『国語教育辞典』日本国語教育学会，2004年（第3刷），p.277
3) 香西秀信『反論の技術』明治図書出版，1995年，p.7
4) 板倉聖宣・上廻昭編著『仮説実験授業入門』明治図書出版，1983年，p.278
5) 同上，p.277

より深く学習するための参考文献
・板倉聖宣・上廻昭編著『仮説実験授業入門』明治図書出版，1983年
・香西秀信『反論の技術』明治図書出版，1995年
・全国教室ディベート連盟編『マイクロディベートの指導・20のコツ』（授業づくりネットワーク別冊『教室ディベートへの挑戦』第8集）学事出版，1997年
・西部直樹「教室ディベート文献の批判」藤岡信勝編著『教室ディベート入門事例集』学事出版，1994年
・日本国語教育学会編『国語教育辞典』日本国語教育学会，2004年（第3刷）

第 **3** 章

書くこと（1）

　小学校の学級担任は国語科以外にも多くの場面で書くことの指導を行う。とくに国語科では書く必要感を持たせることから作品を読み合う交流までの場作りが大切である。また，単独教材の単元では子どもに見本作文から学習内容を読み取らせる過程が必要になる。そして作品を推敲する際には，中心にする場面の記述量がほかの場面と比べて増しているかどうかということに気づかせていきたい。

キーワード

場作り　螺旋的・反復的な学習　中心にする場面　見本作文　記述量

1　学級経営における書くことの指導

(1) 国語科以外での書くことの指導

　「学習指導要領」に示されたとおり「書くこと」は国語科の内容における1領域である。しかし，書くことの指導は国語科だけで行うものではない。3年生の学習を例に書くことの学習を概観してみよう。

　算数で繰り下がりのある引き算の解き方を説明する。10の束，100の束といった図も取り入れながらノートに書いていく。理科でオクラとホウセンカを育て，その観察記録をとる。色や形，大きさなどを比較しながら育ち方の違いを書き留めていく。社会科でスーパーマーケットに見学に行き，わかっ

たことや気がついたことなどをまとめる。さらに代表の子どもは店長に礼状を書く。当然のことながら教科学習においては書く活動は多い。

　また，授業以外の生活場面でも書く機会は多い。連絡帳には連絡事項の板書を写すだけでなく，1日の感想を書かせて保護者に読んでもらうこともある。学級日記は日直の子どもが書くのだが，適切な指導をしていないと「1日のできごと」の欄に「何もなかった」などと書いてしまうことがある。

　これ以外にも，夏休みには暑中見舞い，冬休みには年賀状。転校していく友達や教育実習生への手紙，縦割り活動をしている上級生への礼状などと書く機会はたくさんある。そういった書くことの学習をする機会を生かしつつ国語科における書くことの学習も行うのである。各教科におけるノート指導や生活の中での書く機会の総時間は，おそらく国語科が書くことの指導に充てる時間以上であろう。学級担任が小学校全科を担当し，子どもの言語生活を支援していくことを考えれば，国語科以外で書くことの指導をする機会が大変多く，それらを疎かにできないことが理解されるだろう。

　実は小学生にとって書くことの学習は日常的なものである。しかも多くの場合，書く目的がはっきりしているので，子どもも大きな抵抗を示さない。算数で「解き方を考えノートに書きなさい」，社会で「気づいたことをノートに書きなさい」などと教師が言っても，それらにいちいち不平不満をもらす子どもはほとんどいないだろう。ところが，国語の作文単元になると，「えー，作文書くの？」と抵抗を示す子どもが多いようである。なぜだろうか。

(2) 場作り

　作文に抵抗を示す子どもの本音には，「書くことがない」「面倒くさい」などがあり，行事の後に作文を書かせようとすれば「やっぱり作文か」と下を向いてしまう子どももいる。しかし，こうした作文教育の不振は昭和期に反省され，学習指導要領は作文重視の改訂がなされてきたのである。

　作文嫌いの子どもを生んだ原因の一つに，課題設定から交流までを含めた場作りが疎かになっていたことが挙げられる。そこで現行の学習指導要領では課題設定，交流という指導事項を設けている。まず，導入の課題設定で子どもたちに書く目的を理解させ，書く必要感のある場の中で学習指導をして

いくことを目指す。そしてまとめの交流では作品を子ども同士で読み合う場を設け、達成感を味わわせつつ学習を終えるようにしている。

　授業者がこうした場作りを行えば，書くことは目的を達成するための手段になり，作品は提出物ではなくなるのである。遠足を取り上げ，書くことの学習における場作りの例を示そう。

【見学の栞】

　4年生の総合学習で千葉県の文化や産業などを調べる学習をしたときの実践である。学習のまとめとして「実地見学」と称し，千葉県の北西部をバスで見て回った。その際，見学の栞を自作することを呼び掛けた。

　子どもたちは見学のルートに合わせて，1人1つのテーマを分担した。そして，B4ファックス原稿用紙1枚分に調べたことをまとめた。教師が原稿を印刷し，袋綴じにして栞は完成した。栞には，次のような題の原稿が収められている。

　　・日本最大級の加曽利貝塚を知ろう！　　・徳川家康のゆかりの地
　　・海水で甘くなる!?　海っ子ネギ　　　　・犬吠埼灯台に登ろう!!
　　・両総用水の人生

　出来上がった栞は事前に級友に読み込まれ，当日は栞の内容を実際に見て確認していくものであった。

【旅行記】

　3年生で筑波山にバス遠足に行ったときのことである。当日，担任が遠足の要所要所で記録写真を撮っておいた。バスレクのようす，到着した時のようす，みんなで登山を始めたところ，特徴的な岩，お弁当を食べているようす，下山中のケーブルカー内……。子どもたちが思い出しやすい場面を切り取っていった。

　翌日，子どもたちには「筑波旅行記をつくろう」と呼び掛け，子ども自身が選択した写真を家族に説明する形で思い出を綴らせた。書き終えた作品は手作り絵本の要領で原稿を貼り合わせ，色画用紙の表紙で包み，1冊の旅行記として仕上げた。友達同士でも読み合ったし，授業参観のときに廊下に展示して保護者にも自由に読んでもらった。

(3) 螺旋的・反復的な学習

　基本的な学力として「読み書き算盤(そろばん)」という言葉があるように，一般的に小学校では国語と算数の授業の充実が期待されている。小6中3を対象とした全国学力・学習状況調査や，PISA調査についても保護者会の話題にのぼることがある。また，「国語算数」と併せて語られることも多い。

　しかし，算数と国語では系統の考え方が異なるので注意が必要である。算数では学年の指導事項が段階的に順序だてられている。2年生で掛け算九九を学習して，3年生では割り算を学習する。4年生で面積を学習して，5年生で体積を学習する。この順番が逆になることも，同じ内容を繰り返すこともない。理科や社会も段階的な系統である。

　これに対して国語では，学習指導要領を読めばわかるように，大まかに段階的な系統が示されているものの，低中高学年ごとに内容を示して螺旋的・反復的に繰り返しながら学習することを重視している。算数が1年ずつ学習を積み上げていくのに対して，国語では低中高学年，それぞれ2年間かけて能力の定着を図るのである。同様に音楽，図画工作，体育，家庭も螺旋的・反復的な指導で指導事項が身につくように学習指導要領では2学年まとめて内容が示されている。

　また，学習指導要領の解釈で留意しておきたいことがある。たとえば，俳句をつくるという言語活動例が第5学年および第6学年に示されているからといって，4年生以下で俳句をつくらせてはいけないというわけではない。3年生の教科書教材で俳句が取り上げられていれば，高学年で例示されている言語活動に取り組んでかまわないし，学習指導上，担任が必要と判断すれば低学年で作句をしてもかまわないのである。

2　教材研究　教育出版・3年下　　「強く心にのこっていることを」

(1) 対象教材の位置

　これから教材研究を行う教科書教材は，年間という横糸と，学年という縦糸によって紡がれるカリキュラムのどこに位置するのか。

まず,年間という横糸。教育出版では教材をまとめて単元を構成したり,教材のままだったりする。次の3パターンがある。

*1 複数教材で構成されている単元では,書くことに関連させて別の教材も取り上げている。単元としてまとめて学習することで効果を上げることを狙う。
*2 単独教材のみの単元は,「作文単元」と呼ばれるもので,ひとまとまりの作品を仕上げることを狙う。
*3 単元を構成しない単独教材では,さまざまなジャンルの作文を書くことに慣れさせることを狙う。

図表3-1　第3学年「書くこと」の教材の系統

月	単元名	教材名
4	×	いろいろな手紙を書こう（*3）
5	調べたことの中からえらんで書く（*1）	調べたことをほうこくしよう インタビューをしよう（話す・聞く）
7	×	お話のすきな場面をくわしく書こう（*3）
10	まとまりやつながりに気をつける（*1）	くらしと絵文字（説明文） 生き物のとくちょうを説明しよう
11	×	まわりに目を向けて詩を書こう（*3）
2	つたえたいことを書く（*2）	強く心にのこっていることを

複数教材で構成されている単元（*1）が2つ,単独教材の単元（*2）が1つ,単元を構成しない単独教材（*3）が3つで,年間に6つの教材が配置されている。それらを詳しく見てみよう。

【複数教材で構成されている単元（*1）】
2つの教材で単元が構成されているので,その意図を理解しておくことが重要である。たとえば5月の単元「調べたことの中からえらんで書く」は第一教材として「調べたことをほうこくしよう」がある。この教材ではスーパーマーケットに社会科見学に行った後に報告文を書くという言語活動を行う。

そして報告文を書くという目的を達成するために，見学の事前，最中，事後の学習を助ける内容になっている。続く第二教材は「インタビューをしよう」で，社会科見学に行った際に行うインタビューの仕方を教える内容となっていて，見学の最中の学習と関連してくる。このように，この単元の学習は報告書を書くための教材で構成されている。

また，10月の単元「まとまりやつながりに気をつける」は，第一教材「くらしと絵文字」という説明文では，段落の中心となる内容を抑えて段落相互の関係を読むことを学ぶ。次の第二教材「生き物のとくちょうを説明しよう」では，段落相互の関係を意識して説明文を書く学習をする。このように，この単元の学習は段落の中心，段落相互の関係を学ぶための教材で構成されている。

【単独教材の単元(＊2)】

見本となる子どもの作文を鑑賞していくなかで学習内容をおさえていく単元であり，学習活動は鑑賞と実作となる。見本となる作文の鑑賞指導については次節にて述べるが，この単元を学習する際に留意したいことが2つある。

1つは，この単元に入ってから子どもたちに書くことを決めさせるのでは遅いということである。せめて実作に入る1週間くらい前には，何について書くのか吟味させるようにしたい。あるいは，本単元に入り，見本作文の鑑賞をしてから書くことを決めるまでに1週間程度の時間を取るようにしたい。書くことが見つけられない子どもは必ずいるものなので，この間に個別に話し合う機会を設け，その子どもの書けそうな内容を探っていくことが学習支援となる。

もう1つは，この単元で書いた作文を文集に収めるか否か，見通しを持っておく必要があることである。小学校ではさまざまな形で文集を編むことが多い。学級全員の作品を収めた学級文集，学級編成前に編む学年文集，全校児童の中から優秀作品を収めた全校文集，小学校最後の卒業文集などがある。文集に収める作品は各人の作品綴りの中から選び出すことが多いが，新たに書かせる場合もある。もし，新たに書かせるのであれば，単独教材による単元で指導するほうがよい。子どもにとって目的がはっきりしているし，教科書の指導と文集の指導が同時にできるので合理的である。

【単元を構成しない単独教材（＊３）】

　「手紙」「お話のすきな場面」「詩」と学習内容が教材名として端的に表されている。このような単独教材は勤務校の年間カリキュラムの実施時期にとらわれることなく，適切な時期に移動して学習効果を上げることを狙うことができる。たとえば，異学年グループを編成して遊んだり給食を食べたりする活動をしている学校では，活動後，グループの仲間に手紙を書くという学習が考えられる。その活動の時期に手紙の学習も実施するのである。

　また，教育雑誌や専門書を読んで授業改善が図れるような教材が見つかれば，勤務校の年間カリキュラムになくても単独教材として実践するようにしたい。

　次に，学年という縦糸を見てみる。３年「強く心にのこっていることを」は，書くことの学習として学年の終わりに位置付けられた教材である。この系列の教材は次のとおりである。

図表3-2　本教材の学年の系統

学年	単元名	教材名
2	心にのこったことを書く	一年間のできごとをふりかえって
3	つたえたいことを書く	**強く心にのこっていることを**
4	伝えたいことを書く	心の動きがわかるように
5	自分の考えを明確にして書く	コラムを書こう

　４学年の単元名は３年生のそれを漢字に改めただけである。これは中学年として螺旋的・反復的な学習をするためである。しかし，指導内容には違いがあるので，４年「伝えたいことを書く」にも目を通して確認しておきたい。同様に前学年の単元である２年「心にのこったことを書く」にも目を通しておきたい。

　このように前後の学年の同系統教材に目を通しておくことは，とりわけ書くことの授業では大きな意味を持つ。それは書くことにおける子どもの実態には大きな幅があるからである。当然のことだが，学級には書くことが苦手な子と得意な子がいる。３学年の子どもであっても，書くことにおける能力

は，2年生レベルの子どももいれば，4年生レベルの子どももいる。

そして授業者には，そのような子どもたちの実態に応じた学習支援が求められる。作文の苦手な子どもには2年生の内容を反復させるという視点が必要である。また，これはそう多くはないが，作文が得意な子どもにはやや背伸びした4年生の内容に挑戦させることも考えられる。前後の学年の同系統単元も教材研究をするというよりは，少なくとも教科書教材と指導内容くらいは確認しておきたい。

(2) 教材の構成

この教材の分量は6ページで，内容は3つに分かれている。

まず最初に作文を書く課題が1ページ目に示されている。次に，見本作品として「家族がふえた」という作文（400字詰原稿用紙3枚程度）が3ページにわたって掲載されている。最後に，見本作文を鑑賞するための具体的な課題が2つと，書き終えてからの課題が1つ，見開き2ページで示されている。

(3) 教材を読む

①課題設定

「一年間の生活の中で，とくに思い出にのこっていることは，どんなことですか」と読み手に問いかけ，「そのできごとのいちばんつたえたい場面を中心にして，文章を書きましょう」と課題を出している。

最初の問いかけには，書く価値の高い題材を選ばせようとする意図がある。これを授業で取り上げるには，子どもには自分の生活を振り返るための資料が必要である。たとえば担任が1年間の行事を月ごとに整理した年表を全員に示せば，学校や学級での出来事を振り返るきっかけにはなるだろう。しかし，これだけでは個々の子どもに個人的な生活を振り返らせることはできない。作文の題材となるように個々の子どもにとって「とくに思い出にのこっていること」を選ばせたいのである。

日記を書いている子どもたちであれば，自分の書きためた日記を読み返して選ぶことができる。日記がないならば，月ごとに出来事を書かせて1年間を振り返り，その中から選ばせることができるだろう。

作文で書く思い出が決まったら，それを幾つかの場面に分割して，それぞれの場面について短く表現させる。その中から「いちばんつたえたい場面を中心にして」記述させる。場面の分割に関しては，２年生の頃から順序を意識させて読み書きを行ってきたので，それほど難しくはない。

　しかし，中心となる場面の選択だが，実際に書き出してみてから「やっぱりこの場面にしたい」と，変更を申し出る子どもも出てくるだろう。大人でも書く前に構成は考えたものの，実際に書き出してみてから一番伝えたいことが別のことだと明らかになり，当初の執筆計画を変更することがある。子どもならなおさらである。このようなときは子どもの書く意欲を尊重し，計画の変更には柔軟に対応したい。

②見本作文

　この作文は次のように場面構成がはっきりとしている。意味段落のⅠ，Ⅱ，Ⅲでは効果的に会話の中心部分を書き入れる工夫をしている。また，作品の書き出しも会話で始め，最後も妹への呼びかけという会話文で締めくくっている。

図表3-3　見本作文の構成

意味段落		場面	工夫
Ⅰ	はじめ	懐妊を知った日	母との会話から書き出す
Ⅱ	中1	ある晩・胎児の様子	母との会話
Ⅲ	中2	出産の日・家	祖母との会話
	中3	出産の日・病院	母との会話
Ⅳ	おわり	近況	妹への呼びかけ

　また，文中のⅠ段落の「うれしくてうれしくて，とび上がりたいぐらいでした」という文には赤の波線が引いてあり，「れい」として「白石さんの気持ち」と赤字で書き加えられている。これは次の学習課題で用いられる。

③学習課題

「いちばんつたえたい場面を中心にして」記述した作品である。それを子どもたちに読み取らせて，記述の際のめあてを具体的に持たせなければならない。本教材では通常の単元にある「学習のてびき」のように，具体的な学習課題が示してある。

【中心にする場面】

教材には「白石さんが，いちばんつたえたいと思った場面はどこかさがしましょう」と書かれている。教科書としては授業者がこの通りに発問すればいいように作られているのだが，見本作文を読んだだけで発問するのは早いだろう。前項で見本作文の構成を示したように，まず，子どもたちにも構成を理解させなければならない。

2年生の時は思い出したことをカードに整理して作文を書いた。3年生では構成メモを作成してから記述に移る。見本作文の鑑賞では作文から構成メモを仕上げるといった逆思考の作業を行うことで，作文の「組み立て」を理解していく。

【会話文】

教材文は「大事な会話や，その前後の様子をよく思い出して書きましょう」と指示している。これは会話を思い出すことをきっかけにして場面の様子をも思い出させることを狙っている。そしてこの効果として「会話とその時の様子を書くことで，気持ちや様子を生き生きと表すことができます」と述べている。確かに他者とのやりとりを描写する際に会話文の挿入は効果的である。しかし，個人の内言が中心となる作文では見本作文のような会話文が書けないこともある。

見本作文では，Ⅲ段落の病院の場面の最後で「私が，お姉ちゃんだよ。大切にするからね」と呼び掛けている。また，Ⅳ段落の最後は，「あみ，早く大きくなってね。いっしょに遊ぼうね」という妹への呼び掛けになっている。この2つの発言は作者の内言とも考えられる。会話文としてカギ括弧の中に入れるか，カギ括弧を使わずに地の文とするか，判断に迷う子どももいるだろ

う。教師の立場から「会話を生かす」指導をする場合でも，その指導を必要としない作文を書く子どももいる。そのことは知っておかなければならない。

また，「白石さんの文章の中から，白石さんの気持ちとお母さんの様子が描かれている部分をさがしましょう」という課題があり，作品中に赤い波線がひいてある。こういった課題には，教師用の赤刷り教科書を開く前に自分なりに答えを考えるようにしたい。

【推敲】
推敲の観点が4つ示してある（引用の便宜上アルファベットを付した）。

　　A　中心にする場面は，はっきりしているか。
　　B　大事な会話を落としていないか。
　　C　自分やほかの人の気持ちがわかるように，くわしく書いているか。
　　D　漢字とかな，送りがなをまちがえていないか。

Dは作品を仕上げる際には書き手自身でいつでも行うように指導しているはずである。しかし，大人もそうであるが自分の書いたものについては誤字脱字を見落としがちになる。そこで終わった子同士で「見直しペア」をつくり，友達の原稿をチェックし合うとよい。

Bは記述前の構想メモと対比することで落としたかどうかは確認できるのだが，実際に書き出してから中心にする場面が変更になる場合もある。そのあたりは子ども自身にも大らかに捉えさせるようにしたい。

ところで，Aの「中心にする場面は，はっきりしているか」という観点で，子どもに推敲させることができるだろうか。これは「はっきり」について説明を加えないと難しいだろう。中心場面を「はっきり」と記述しているのであれば，それは「ほかの場面に比べて記述量が多い」と言い換えて差し支えない。中心場面の前後の場面を大まかに記述すれば，それは記述量が少なくなる。だから，中心場面をはっきり記述したかどうかは，記述量で判断していくことができるのである。

これと同様の問題がCにおいても指摘できる。Cの「くわしく書いているか」

どうかという推敲は、やはり記述量として見たほうが、子どもには判断しやすい。

　このように教科書の言葉、表現で学習が円滑に進むかどうか疑問を感じた場合は、自分の学級の実態に応じて、適切な表現に改める必要がある。そうした吟味もまた教材研究である。

【交流】

　書き上げた作文は作品として尊重したい。色画用紙で挟み冊子にするだけで、1冊の本を仕上げたようになる。それを生活班の中で回し読みをしたり、教室の後ろに並べて自由に読めるようにしたりと友達の作品を手に取る方法はさまざまである。しかし、国語科としては交流活動となるように読み手の感想を書き手に伝えるようにしなければならない。

　たとえば、作品を綴じる際に上質紙を1枚挟んでおく。それを感想のページにして、読み手は一言感想を書くようにするのである。ほかにも方法はあるが、作品の内容に共感する、褒める、驚くといった感想を書き手に伝えることを大事にしたい。

【清書】

　文集を作成するために原稿をそのまま印刷するのであれば、いつも以上に推敲をさせたい。ペアをつくって校正を行うようにしたり、提出を終えた子を一時的に校正係にしたりする教室もある。そして濃い鉛筆を使わせて、一字一字しっかりとした字を書かせ、清書に取り組ませたい。卒業文集では水性ボールペンを使う場合もある。これは清書、修正に手間がかかるが、精一杯頑張った作品を残すという目的があるので、どの子も真剣に取り組む。

　しかし、書くことの学習はいつでも作品を清書させなければならないものではない。学習の目的による。書写指導を軽視するわけではないが、練習作文や日常のノート指導では書いた内容を重視する。

【構成メモ】

　教材には「白石さんのメモ」として、次のような構成メモが示されている。

※(　)は，気持ち
①少し前から
　おなかがふくらんでいるのに気がついた。
　(おどろいた。)
②それから毎日
　夜におなかをさわっていた。
　(大切にしよう。)
③何日もすぎて
　赤ちゃんが生まれた日。
　(うれしい。)
④今
　妹への語りかけ
　(大きくなるのが楽しみ。)

　1行目は「いつ」，2行目は「できごと」，3行目は「気持ち」である。この観点で構想メモを書かせておけば，記述の際にも推敲の際にも役に立つだろう。

図表3-4　ワークシート・構想（組み立て）メモの例

段落	いつ	できごと	気持ち

3　先行実践に学ぶ

(1) 民間教育団体

　昭和期に比べると活動が目立たなくなった民間教育団体であるが，作文教育に関しては「日本作文の会」による実践研究が長年にわたって組織的に蓄積されてきた。小学校1年から6年までの系統的な指導題目を概観するだけ

でも学習の流れが理解できる。また，子どもの作品をどう評価するかといった具体的な指導の実際も先行実践から学ぶことができる。
(日本作文の会，あすなろ書房，1978年)

（2）海外の実践を紹介する立場

いわゆるPISAショック以来，フィンランドの教育が注目されるようになり，フィンランド教育の紹介者として北川達夫が注目されるようになった。北川達夫(2005年)では，「フォーマットに従って作文を書きましょう」といった日本の伝統的な作文教育とはまったく違った方法が紹介されている。自分自身が受けてきた作文教育と比較すると興味深いだろう。
(北川，経済界，初版2005年)

（3）新聞記者

本多勝一(1982年)は新聞記者として身につけたわかりやすい文章，伝わる文章を書くためのノウハウを豊富に示している。複数の形容詞の修飾，読点の打ち方の原則など，それまでの学校教育がきちんと指導してこなかったと思われる内容を細かく解説している。自分が身につけ損ねた作文技術の穴を埋めるために，学生だけでなく社会人にも読まれている。
(本多，朝日文庫，1982年)

（4）「理科系」という立場

書くこと，作文と言えば国語科の一領域で文系のイメージをもつ学生が多いようである。しかし，作文は理科系でも重要な教育内容である。自分の文章と人の文章を区別するといった作文の基礎的な作法を身につけていないと，コピペが横行することになる。木下是雄(1981年)は，トピックセンテンスの考え方や引用の仕方などを「理科系の作文技術」として取り上げている。子どもに指導する以前に，大学生として作法に則ったレポートや論文が書けるようにしておきたい。
(木下，中公新書，1981年)

> 確認問題

1　学級で書いた作文を展示したところ，ある保護者から「先生は子どもの誤字を直してくれないのですか」とクレームがきた。どのように答えるか。
2　白石さんの作文の代わりとなる見本作文を，構想メモを作成して1200字以内で書こう。ただし，大事な会話を入れ，中心にする場面についてはほかの場面よりも記述量を増やすこと。
3　授業のレポートを書く際に『理科系の作文技術』を読み，レポート作成に役立てよう。そして，その時点で自分にとって役立ったところと，役立たなかったところを明確にしよう。

より深く学習するための参考文献
・北川達夫『フィンランド・メソッド入門』経済界，2005年（初版）
・木下是雄『理科系の作文技術』中公新書，1981年
・日本作文の会『すぐに役立つ作文授業〇年生 ——案例とその実践』あすなろ書房，1978年
　※このシリーズは小学校の各学年ごとに編集されている。
・本多勝一『日本語の作文技術』朝日文庫，1982年

第4章

書くこと(2)

　まず授業者は俳句や歳時記に親しみ，季語や俳諧，歴史的仮名遣いなどに馴染んでいる必要がある。そのうえで俳句教材を指導する際には，鑑賞だけでなく自分でもつくってみたいという気持ちを持たせて作句に取り組ませ，俳句という詩形式に親しませていく。作句の指導法については「俳句の種」や「物語俳句」などの先行実践から学び，子どもの作品の評価（褒め言葉）についてはプロの批評言から学んでいく。

キーワード

　歳時記　有季定型　歴史的仮名遣い　はいくのいれもの

1　作句指導のための準備

　教職を目指すのならば学生のうちから歳時記を手元に置き，季語に馴染んでおきたい。歳時記が読みにくいのであれば，季語を取り上げた本でもかまわない。歳時記や季語関連図書の活用は俳句の創作に限ったことではない。教師になって，手紙や学級便り，スピーチ原稿などを書くときに時候の挨拶に季語を入れることが多い。そうしたときにも役立つのである。
　たとえば，手紙の書き出しではこうである。

　　　拝啓　青葉に**風薫る**五月、皆様にはいよいよご健勝のこととお慶び申

し上げます[1]。

また，スピーチではこうである。

　……秋の日は**釣瓶落し**と申しますが、いつの間にか外も暗くなってきたようですので本日の会議はこれで終了とさせていただきます[2]。

　大学生は教育実習でお世話になった学校や，ボランティア先などに改まった手紙を書くことがある。社会人になればさらにその機会が増える。ネットで「時候の挨拶」と検索すれば，手紙の書き方を紹介するサイトにアクセスでき，その月の時候の挨拶だけでなく，手紙の構成をも指南してくれる。これはこれで便利であるが，歳時記の知識があれば時候を表す言葉がより体系的に習得できる。
　また，学級担任は朝の話などでちょっとした教育的な話をする。そんなときの話題を歳時記に求めることができる。たとえば，「花冷え」や「白雨」「恵方」などといった子どもにも理解しやすい季語については，気象予報士が予報の前置きで話すようにして子どもにも話すとよい。歳時記に親しめば季節に合った話ができるようになるのである。
　小学校の担任は教室に幾つかの辞書を置いておくものである。教師になり学級便りや通知表など，文書をたくさん書くようになったら「用語用字辞典」が必要である。うろ覚えの漢字や，同音意義語の使い分けなどを確認する。また，英語活動の教材研究や外国人講師と打ち合わせをすることがあるので，英和・和英辞典も必要である。さらに，「伝統的な言語文化」の教材として古文・漢文が小学校の国語教科書に取り上げられている。古語や文語文法を調べるために古語辞典も必要となる。
　もっともこれらを個別に揃えなくても，電子辞書が1台あれば対応できる。これから電子辞書を購入するのであれば，多少高価であっても百科事典や歳時記などが収めてある上級機種を選択するとよい。

2　教材研究　教育出版・3年上「俳句に親しむ」

（1）対象教材の位置

　教科書として俳句を取り上げる教材であり，「伝統的な言語文化」の系統である。本教材は年間という横糸と，学年という縦糸によって紡がれるカリキュラムのどこに位置するのか。その位置を確認しておく。

　まず，年間という横糸。3年上の教科書で子どもたちは本教材で俳句に出合う。子どもが創作した1句を導入として，季節の名句を2句ずつ鑑賞し，最後に作句を行う。これに関連して教科書の巻末に収められている読み物教材集「言葉のとびら」の中から「きせつと言葉」を読み，立春を始めとする「八節」や，七草がゆ・節分といった「年中行事」について理解を深める。また，3年下の教科書では読み物教材集「言葉のとびら」の中から「俳句を読もう」を読み，四季の名句19句を鑑賞する。

　次に，学年という縦糸。4年生で短歌を学習する。6年生で「言葉は時代とともに」という読み物教材で子規や万葉歌に触れ，続く「俳句・短歌を作ろう」ではより俳句らしく短歌らしく表現する学習に取り組む。

　俳句の授業時数に関しては，読み物教材を除いて3年生で4時間ほど，6年生では短歌も含めて8時間ほどである。俳句のみに注目すると小学校6年間では10時間程度の学習であり，国語科のカリキュラムの中ではわずかな扱いである。

（2）教材の構成

　この教材の分量は6ページで大きく3つに分かれている。まず，子どもの俳句から俳句の概略を知り（①），次に四季の名句を鑑賞し（②），最後に作句を行う（③）という学習展開である。

　　①子どもの俳句（1ページ）
　　　　せみの声遊べ遊べと聞こえる日　　　　山崎早季子
　　②名句の鑑賞（4ページ）
　　　　春　雪とけて村いっぱいの子どもかな　　　　小林一茶

　　　　菜の花や月は東に日は西に　　　　与謝蕪村
　夏　はねわっててんとう虫のとびいずる　高野素十
　　　　さじなめて童たのしも夏氷　　　　山口誓子
　秋　荒海や佐渡によことう天河　　　　　松尾芭蕉
　　　　かきくえば鐘が鳴るなり法隆寺　　正岡子規
　冬　せきの子のなぞなぞあそびきりもなや　中村汀女
　　　　うつくしきひよりになりぬ雪のうえ　炭　太祇
③作句の呼びかけ（1ページ）
　季語の例が10語、示されている。
　　　　夏休み　　ラジオ体操　　プール　　海水浴　　風鈴　　すいか
　　　　ひまわり　　金魚　　夏祭り

(3) 教材を読む

　教材を読み込むために教材をコピーする。本教材ではカラー写真が鑑賞の際の資料になるので、白黒ではなくカラーコピーが望ましい。教科書と同じ図版資料を何度も眺めていると、本文との関わりで何かしら思いつくことがあるからである。

　コピーした教材文を読みながら、疑問や気づきなど書き込んでいく。教材研究とは、授業者が教材を読み込んでいくなかで思い浮かんだ疑問に対して、授業者自身が調べて答えを見つけていく作業である。小学生向けの教材であっても、よく知らない事柄、意味が曖昧な言葉などは辞書・辞典などで確認していかなければならない。

　また、教材文を読みながら、ここは子どもにわかるだろうか、情景が思い描けるだろうかなどと子どもの反応を予想する。このようにして教材の全体像をつかみ、授業者としてさまざまな思いをメモしながら教材の分析を行う。

①子どもの俳句（1ページ）
　教材研究のポイントは、鑑賞のための問い、有季定型、俳諧史、自分の疑問である。
【鑑賞のための問い】

冒頭に「せみの声遊べ遊べと聞こえる日」という小学生の句が示されている。本文では句の説明が続き、「みなさんには、せみの声がどのように聞こえますか」と問いかけている。このような問いかけには自分でも答え、子どもの反応を予測する。読者も本稿を読み進める前に、自分なりの答えを幾つか書き出してみてほしい。

　ここでは蟬の声を聞いた経験を想起させ、子どもたちに自由に考えさせ、発表させていく。俳句から受けたイメージの違いが交流できればいい。たとえば、
　　　・ここにいるよ。　　　・捕まえてみろ。
　蟬取りの経験が豊富な子どもは、捕まえられる蟬の立場から発想するだろう。
　　　・暑い。暑い。　　　・木陰は涼しいなあ。
　夏らしい心情を蟬に代弁させている。
　　　・地上はいいなあ。
　地中で暮らす幼虫時代が長いことを知っている子どもはこういうことを言うかもしれない。

　このように読んだ俳句から受けたイメージを表出させる活動が、鑑賞学習の始めの一歩である。子どもに取り組ませる課題に授業者自身も取り組んでみて、子どもの反応や躓（つまず）きを予想する。イメージしやすいように蟬のカラー写真を提示しようか。録音した蟬の鳴き声を聞かせてみようか。このようにして授業の準備が具体的に始まることになる。

【有季定型】
　次に教材文では俳句の基本である有季定型について次のように説明している。

　　　　俳句は、五・七・五の十七音で作られています。きせつを感じる心を
　　　　大切にしているため、きせつを表す言葉（季語）が入っています。

　有季定型についての子どもに対する説明はこれでよいだろう。この説明を受けて、この後の俳句を鑑賞するなかで、「どれが季節を表す言葉かな」「きちんと五七五になってるね」などと確認していく。

しかし，授業者の有季定型に対する理解はこの程度では不十分である。たとえば，俳句で言う季節は旧暦であるから実生活とのずれがあることは知っておかなければならない。必要に応じて子どもに説明できるようにしておきたいし，そのためには歳時記や季語に親しんでおく必要がある。
　また，定型については，字余り，字足らずがあることを必要に応じて説明しなければならない。音節の数え方も理解しておかなければならない。たとえば，

　　・長音は伸ばす音も1音として数える。　カレー（3音）
　　・拗音は2字あわせて1音として数える。　電車（3音）
　　・促音は小さい「つ」も1音として数える。　コップ（3音）

こういったことを教材研究の段階できちんと確認しておかないと，授業中に授業者が曖昧な説明をしてしまい，子どもたちが混乱してしまう危険性がある。

【俳諧史】
　俳句についての説明で，「日本人は昔から俳句に親しんできました。」と教材文に書かれている。「先生，昔っていつごろですか？」と子どもが素朴な質問をしてくるかもしれない。それに対して読者は授業者としてどのように答えるか。その答えを用意するのも教材研究である。
　このような概説的な内容について何で調べたらよいだろうか。実は，多くの高校生が教科書と一緒に購入した「国語便覧」が役に立つ。ざっと読み返し，江戸，明治，大正，昭和という時代の流れの中で，俳諧，発句，芭蕉，正岡子規といったキーワードを押さえて理解しておくのである。大まかな俳諧史を押さえ，どの時代に活躍した俳人なのかを理解しておくのである。それをそのまま子どもに説明することはないが，そういった知識をもって授業に臨むことで子どもからの想定外の質問や疑問に答えたり，関連する読書へと誘ったりすることができるようになる。

【自分の疑問】
　教材を読み込む過程で思いつく発問や疑問は，忘れないうちにメモしてお

くとよい。どんな些細な疑問でも，それは自分にとって価値の高い研究課題である。教材研究を行う中で自分なりの答えを見つけていきたい。たとえば，この句の状況では，

- どんな種類の蟬だろうか。
- 場所はどこだろうか。
- そばに誰かいるだろうか。

こうした疑問のいくつかが，授業中の発問につながっていく。

②名句の鑑賞（4ページ）
　ここでは季節毎に2句ずつ簡単な説明をしながら紹介している。教材研究のポイントは切れ字，歴史的仮名遣い，写真資料の活用，俳人である。

【切れ字】
　「子どもかな」「菜の花や」などに見られる「や」「かな」といった切れ字は，「感動を表す」という大まかな説明でよい。俳句を鑑賞する際，切れ字に注目することは3年生で十分理解が可能である。

【歴史的仮名遣い】
　「とびいずる」「よことう」などの表記については，大学生である読者は一瞬戸惑いを覚えるだろう。文語表現では「とびいづる」「よこたふ」ではなかったかと。確かに歴史的仮名遣いではそのようになるのだが，小学校の国語教科書では現代仮名遣いを採用している。だから「とびいずる」「よことう」となるのである。
　このように歴史的仮名遣いを現代仮名遣いで表わす点が小学古典と，中学以降に学習する古典との大きな違いである。この区別を授業者はきちんと理解しておかなければならないが，3年生の子どもには簡単に「昔の言い表し方」と説明しておけばよいだろう。

【写真資料の活用】
　8句の名句のうち4句には句の情景が写し取られた写真が添えられている。「はねわつててんとう虫のとびいずる」の句に対しては，まさにその瞬間を写した写真があり，子どもの鑑賞の助けとなるだろう。また，授業者も子どもに説明しやすい。

　その一方で，「菜の花や月は東に日は西に」の写真は，やや適切さに欠けると思われる。この句は「菜の花や」の切れ字が示す通り，感動の焦点は菜の花と考えられる。春の菜の花と言えば，その美しさは鮮やかな黄色にある。ところが教科書に掲載されている写真は西日が強すぎて菜の花畑が橙色になっている。このような写真では菜の花の色の美しさは伝わってこないし，句の本意も理解しづらいのではないだろうか。

　これに比べて「菜の花や」の鑑賞資料としては『俳句をつくろう』[3]のほうが句の本意を伝えている。近景に黄色い菜の花を5本はっきりと描き，中景に菜の花畑を，遠景に夕日が沈もうとしているところを赤い夕陽として淡く描いている。

　「挿絵なんておまけだろう」と思う人がいるかもしれないが，そうではない。イラストであろうと写真であろうと教材文の中に収められているのは資料である。本文の理解の助けとするために掲載されているのである。また，授業においては必要に応じて図版資料を用意して，学習者の理解を助けることもある。このように授業者の立場から，写真資料の適否を吟味するのも教材研究である。

【俳人】
　この教材で取り上げている俳人は，小林一茶，与謝蕪村，高野素十，山口誓子，松尾芭蕉，正岡子規，中村汀女，炭太祇の8人である。稀に幼稚園や小学校低学年の時に俳句かるたで遊んだり，俳句を暗唱したりした経験があり，一茶や芭蕉，子規などの名前を知っている子どもがいる。しかし，大方の子どもは初めて俳人の名前を目にする。「どんな人なんだろう」という疑問を持つのは自然なことで，授業で子どもが関心を寄せた俳人の作品を教師が紹介するという展開も考えられる。6年生の教材では子規が取り上げられて

いることを考慮すると，3年生に子規を紹介しておくのもよいだろう。
　どの俳人をどの程度取り上げるか。そのようなことを考えるのも教材研究である。ここでは俳人紹介のヒントを2つ示しておく。

　　a. 小学校の図書室（あるいは公立図書館の児童書コーナー）にある俳句関連図書に目を通してみよう。学習漫画の類でも構わない。その中では誰のどんな句がとりあげられているだろうか。
　　b. 読者の住んでいる地域，あるいは社会科見学や遠足などで訪れた先に句碑はないだろうか。もし句碑があるのなら，それを紹介することも考えられる。

　授業者としてさまざまな俳人に関心を持ち，折に触れて歳時記を開くことは小学校教員としての嗜(たしな)みである。そういう活動をしていくなかで，子どもに紹介したい句を蓄積し，授業の合間などで時々紹介していくとよい。

③作句の呼びかけ（1ページ）
　教材文の終わりには，「みなさんも，俳句を作ってみましょう」という呼びかけがあり，夏の季語が「れい」として10語示されている。

　　夏休み　　ラジオ体操　　プール　　海水浴　　風鈴　　すいか
　　ひまわり　　花火　　金魚　　夏まつり

　これは例として必要かつ十分なのだろうか。実は教科書の限界とも言えることなのだが，教科書には地域性が考慮できない。したがって学習に地域性を取り入れることが授業者の役目となる。この場合は，どんな季語を取り入れたらよいのかを見極めるのが教材研究である。
　夏の季語であれば，地域の特色をあらわす特産品や行事などを子どもに紹介していく。歳時記の夏の項に目を通し，子どもたちに使えそうな季語を抜き出しておく。それらをもとにして作句に取り組ませるのだが，できることならここでの学習の後，秋，冬，正月，春についても作句に取り組ませていきたい。

詩人の谷川俊太郎は，いくつかの俳句を紹介した後に，次のように作句を呼び掛けている。

　　　五七五は、はいくのいれもの。あふれださないように、ことばをいれる。いちまいのえをかくようなつもりで、つくってごらん[4)]。

「はいくのいれもの」という表現が詩人らしい。定型という考えを子どもにわかりやすく意識付けることができる。こういう名言は積極的に授業に取り入れていく。
　また，ただ「作ってみよう」と言うだけでなく，「いちまいのえをかくようなつもりで」と言うところがいかにも詩人らしい。こういう指導言も積極的に授業に取り入れて子どもの反応を見てみたい。子どもにすとんと入っていくようであればそれは授業の名言として，今後も活用していくようにする。

(4) カリキュラムの空白にどう対応するか

　カリキュラム上，3年生で俳句，4年生で短歌，そして6年生で再び俳句・短歌の学習をする。では，カリキュラムで俳句を扱わないとき，学級担任は俳句の教材研究を何もしなくてよいのだろうか。もちろん否である。俳句を趣味にする必要はないが，俳句はやはり教職教養である。無関心は望ましくない。基礎的な知識を身につけるというささやかな努力を習慣にしたい。たとえば次の3点である。

　　①歳時記を手元におき，適宜子どもたちに名句を紹介する。
　　②新聞の文芸欄に目を通し鑑賞する。
　　③自分にとってのお気に入りの俳人を増やしていく。

　少なくとも小学校の教師は俳句の読者であらねばならない。教科書に取り上げられている俳人の句集，子どもの句集などには学生のうちに目を通しておきたい。
　また，新聞の文芸欄にも定期的に目を通し，俳句だけでなく短歌にも関心

を持ち続けてほしい。たとえば，読売新聞では「読売俳壇」と「読売歌壇」が掲載されている。それぞれ4人の選者が秀句・秀歌を選び，批評する。これを読み続けていれば，しだいに俳句や和歌の目指すところが見えてくるだろう。

　文芸欄の読みに関しても慣れがある。新聞に掲載された現代の俳句であっても，日常生活でほとんど使う機会のない言葉，あるいは見慣れない聞き慣れない言葉に出合うことが多い。このときちょっと辞書を引いて自分のものにするか，あるいは無視して覚えようとしないか。退職までのおよそ40年間，地道に調べ続けた人とそうでない人との語彙や言語感覚の差は絶望的なほどになるだろう。

　もちろん掲載された俳句のすべてを読まなければいけないわけではない。「評」の添えられた句だけ，あるいは数句だけ，お気に入りの選者のものだけを読む。時間の許す時は掲載作品の多くを読む。そういった自由な読み方をすればよい。新聞は多様な読者の要求に答えようと編集されている。

　一読して「わからない」と読み飛ばしてしまうのはもったいない。週に1回，文芸欄の紙面を抜き，鞄に入れておく。そして空いた時間に読み込んでみよう。ちなみに読売新聞では，ネットでも文芸欄が読める。スクラップもできるので，タブレットでどこでも読める。そうやっていつでも読める環境を整えておくことが，続けるこつの一つである。通学の電車の中で，ホームで，繰り返し呟きながら自分なりに鑑賞しよう。

　さらに読売新聞の夕刊には「週刊KODOMO新聞」というページがあり，その中に「KODOMO俳句」というコーナーがある。小学生から俳句を募集し，秀句を掲載している。掲載作品だけでなく選者の評もまた「教師の指導言」として参考になる。

3　先行実践に学ぶ

(1) 首藤久義による「五七五詩」の提案

　小学校の教室では，授業の中でカルタ作りに取り組むことは珍しくない。学習内容を基にして五七五のリズムに乗せて表現するのである。たとえば，

2年生の生活科で雨の日の暮らしについて学んだ内容で「雨の日カルタ」を作る。また，4年生の社会科で水とごみについて学んだ内容で「住みよいくらしのカルタ」を作る。こうした実践で読み札に表現されたものを「俳句」と呼ぶ学級もあるが，首藤久義は俳句とは区別して「五七五詩」と呼んでいる。

　小学校では有季定型をもって俳句と指導する。俳句に無季を認める立場もあるが，小学校では無季は五七五詩。五七五という定型のない破調は一行詩と位置付けてよいだろう[5]。

（2）夏井いつきによる「俳句の種」の提案

　夏井は元中学校国語教師の俳人である。俳句の授業「句会ライブ」を行ったり，「俳句甲子園」の運営に携わったりと，作句に関する教育活動に精力的に取り組んでいる。夏井による実践の特色は，いきなり作句させるのではなく，作句の前段階として「俳句の種」を考えさせるところにある。夏井によれば「俳句の種」とは「季語とは関係のない十二音」のことである。それに合う季語を取り合わせることで俳句に仕上げる。もちろん季語を取り合わせる際には，適切な季語を幾つか示し子どもに選択させるような教師の支援が必要である。

　こうした指導で生まれた俳句として，「さんすうのシールもらった春うらら」などが紹介されている。子どもの作った俳句に対する夏井の批評は的確で，実際に子どもに伝えるかどうかは別として，子どもの俳句を評価するうえで参考になる。

　テレビのグルメ番組では，ベテランのレポーターやアナウンサーは，味や食感，香りなどを分析し，端的に表現する。これと同じことが子どもの俳句を評価するときにも表れる。俳句を批評する言葉を持たないと作句の指導は難しい。若い教師は基本的に子どもの俳句を褒めて，作句を楽しませればよい。しかし，教師として経験を積んでいくなかで適切な指導ができるように成長していきたいものである。これは時間をかけて俳句に，そして俳句の批評に慣れ親しんでいくことが正攻法であろう[6]。

（3）青木幹勇による「物語俳句」の提案

　青木は4年生で学習した「ごんぎつね」を教材にして，6年生を対象に俳句を作る実践を行った。作句の経験がない子どもたちでも，読み取った内容をもとに面白がって作句する様子が報告されている。

　確かに「ごんぎつね」には，「いわし」「ひがん花」「もず」など，秋の季語がちりばめられているので，俳句を作りやすい。しかし，子どもたちは季語を忘れて状況や感動を作句する。首藤の提案する五七五詩になるのである。読解内容を作句することを主たる目的とすれば，五七五詩を課題とし，すでに作句が学習済みであれば，俳句を課題としてもよいだろう。青木の実践では次のような「物語俳句」が生まれている。

　　遠くまでまっかに咲いたひがん花
　　ごんの気も知らずに兵十銃をとる

　先に紹介した五七五詩であれば，教科書教材に限らずさまざまな物語文で実践が可能である。読書の時間，子どもたちが自由に選んだ物語で作句を課題にすることも考えられる。しかし，俳句にこだわると物語の中で季節のようすが要所要所で描かれているような，「物語俳句」に適した教材を用意する必要がある[7]。

（4）郷土カルタ

　たとえば，「北加伊道カルタ」という商品がある。札幌の書店で売られていたのだが，北海道の文化や歴史，自然などを多面的に紹介している興味深いカルタである。俳句とは謳っていないので，かなり自由に作られている。

　　その昔　鯨捕れたと　汽笛ほえ
　　南極観測　タロとジロ
　　ぬくい　ぬくまる　温泉王国

　俳句の授業には直接役には立たないが，教室でカルタ作りを行う際には，

教師も子どももこれから作ろうとするカルタのイメージを共有するのには役立つだろう。

　旅行先で興味深い郷土カルタが見つかったら，1つ求めて帰路にて鑑賞する。その時点ではカルタは素材である。しかし，それを学習過程に位置付ければ教材となる。どのように取り上げるか，ねらいを明確にしていく作業が教材研究である。

確認問題

1　新聞の文芸欄に掲載された俳句と選者のコメントを読み，なるほどと思ったものをスクラップしよう（3回以上）。
2　小学4年生の国語の教科書に収められている「ごんぎつね」を読み，各場面で1句ずつ，ごんになったつもりで作句しよう。
3　あなたが小学校の学級担任となったとき，子どもから，「先生の好きな俳人は誰ですか」と尋ねられたとする。子どもに話すような文体で，好きな句を取り上げつつ，400字程度で書こう。
4　あなたの住んでいる地域にある文学碑を1つ取り上げ，それを2分程度で子どもに紹介できるよう資料を集め，発表原稿を書こう。機会があれば子どもの前で発表しよう。
5　Eテレで「NHK俳句」という番組を一度視聴しよう。番組の中では選者による入選句の批評が行われるが，選者がどういう点を評価しているのか書き留めよう。

引用文献・より深く学習するための参考文献
1)　辻桃子・安部元気『美しい日本語　季語の勉強』創元社，2004年，p.73
2)　同上，p.154
3)　藤井圀彦『俳句をつくろう』さ・え・ら書房，1995年（第8刷）
4)　谷川俊太郎『詩ってなんだろう』ちくま文庫，2007年，pp.73-74
5)　首藤久義・卯月啓子『ことばがひろがるⅠ』東洋館出版社，1999年
6)　三浦和尚・夏井いつき『俳句の授業ができる本』三省堂，2011年
7)　青木幹勇『授業　俳句を読む，俳句を作る』太郎次郎社，1992年

第5章

読むこと・説明文 (1)

　第1学年, 第2学年の読むことにおける説明的文章教材の指導事項には, 時間的順序, 事柄の順序, 説明の順序などを考えることがあげられている。しかし, 実際には, 形態・構造と機能との関係を論理的に示すような教材が多く用いられており, そのことに着目して教材研究を行わなければならない。

　また, 説明文教材には, 物語文のような特徴を備えていて, 物語モードで読んでも理解できるものがある。もともと説明文の読みには, 形式重視か内容重視かという読み方の対立があったが, 筆者の立場から考えることや, 物語モードを含む読みのスキーマの働かせ方を考えたりして, 内容と形式を統合する読みをつくるという観点からの教材研究が必要である。

キーワード

順序　論理　物語モード　内容と形式　スキーマ

1　事柄の順序と説明の順序

(1) 学習指導要領における「順序」

　「小学校学習指導要領」では, 国語科における領域のうち, 〔C読むこと〕の目標を, さまざまな文種に対応するかたちで, ひとまとめにしてたてている。しかし, その中でも, 説明的な文章の解釈に関する指導事項として, (2)内容

の①指導事項の(1)のイに,次のように述べられている。

　時間的な順序や事柄の順序などを考えながら内容の大体を読むこと。

2008(平成20)年8月の「小学校学習指導要領解説国語編」では,この内容について次のように解説している。

　「時間的な順序や事柄の順序など」とは,時間の順序や,例えば,事物の作り方の手順など文章に取り上げられた話題自体に内在する事柄の順序などに加え,どのように文章を構成しているかという文章表現上の順序なども意味する。そのような順序に沿って「内容の大体を読」んで理解することが重要である。

　第1学年および第2学年においては,説明文教材はこのような特性に着目した教材が取りあげられ,その趣旨に沿って学習指導が行われることになる。

(2) 入門期の説明文教材の実際

　実際に,入門期の説明文教材を見てみよう。

　さきがするどくとがったくちばしです。
　これは、なんのくちばしでしょう。
　これは、きつつきのくちばしです。
　きつつきは、とがったくちばしで、きにあなをあけます。
　そして、きのなかにいるむしをたべます。
　　　　　　　　　　　(「くちばし」1年国語上,光村図書出版,2010年)

　これは子ども向けの写真を配した絵本の形をもとにしており,教材でもくちばしのクローズアップの写真が掲載されている。くちばしだけを見て,「とがっている」という特徴を取りあげ,そこから鳥全体を想像させる。その裏側に働いているのは,特徴から,「なぜとがっているのか」「とがっていると

できることは何か」というように考えていく推論である。いわば，クイズというものの構造をなぞった教材である。

　国語の教材は，文章自体が学習者の興味をひかねばならないので，誰でも知っている当たり前のことを順序よく説明した文章では教材にならない。とりあげても学習が退屈で興味関心をもたせることができない。だから，こうした目新しい，興味を引くことがらについての文章が好まれる。

　しかし，説明としては，くちばしがとがっている（形態）→（だから）→木に穴をあけることができる（機能）［原因］→（だから）→木の中にいる虫をたべることができる［結果］という論理関係が結びつかないと理解はできない。

　1年生の説明文の最初の教材は同じ構造をとっているものが多く，次のようなものもある。

　　これは、なんのあしでしょう。
　　これは、あひるのあしです。
　　あしのゆびのあいだにはみずかきがついています。
　　だから、みずのなかを、すいすいとおよぐことができます。
　　　　　　　　　　　（「いきもののあし」 1年国語上，学校図書，2010年）

　この場合は，みずかきがついている（形態）→（だから）→水の中をすいすいと泳ぐことができる（機能）という形で，よりシンプルである。

　こうした教材で大切なのは，実は説明の順序ではない。別の鳥のくちばしについて，同じような説明文を書くことで，文章理解を読みと書きの関連の中で統合的な形で確認するように指導することが多いが，この順序で書かせても，実はこの文章の形式がわかったことにはならないという問題がある。

　少し考えてみればわかることだが，実はどのような順序でも文章は書ける。実例を示す。

　　あしのゆびのあいだにはみずかきがついています。
　　これは、なんのあしでしょう。
　　これは、あひるのあしです。

みずのなかを、すいすいとおよぐことができます。

　　みずのなかを、すいすいとおよぐことができます。
　　これは、なんのあしでしょう。
　　これは、あひるのあしです。
　　あしのゆびのあいだにはみずかきがついています。

　　これは、なんのあしでしょう。
　　みずのなかを、すいすいとおよぐことができます。
　　あしのゆびのあいだにはみずかきがついています。
　　これは、あひるのあしです。

　「だから」のような接続詞・接続語は，まさに文と文との関係を示すから，全体の順序が変わるとうまく納まらなくなるので省いたが，要するに文章はどのような順序でも成立する。
　おもちゃの作り方や，料理の作り方などであれば，作業の手順に沿って説明しなければ作れないから，事柄の順序がそのまま説明の順序になることが多いが，実際には，説明の順序は必ずしも時間の順序や事柄の順序と一致しないことになる。しかも，クイズのようなものは，肝心の情報を隠したり小出しにしたりするところに成立し，それが面白いからこそ最初の説明文でクイズ形式が用いられているのであるから，単純に説明の順序は決まっているというような読み方・教え方はできないのである。

2　説明の順序と論理

(1) 構造と機能の論理関係
　第1学年では，こうした教材のあとで，似たような構造の少し長い文章が教材として用いられている。

　　じどう車くらべ

第5章 読むこと・説明文 (1)

　いろいろなじどう車が、どうろをはしっています。
　それぞれのじどう車は、どんなしごとをしていますか。そのために、どんなつくりになっていますか。
　バスやじょうよう車は、人をのせてはこぶしごとをしています。
　そのために、ざせきのところが、ひろくつくってあります。そとのけしきがよくみえるように、大きなまどがたくさんあります。
　トラックは、にもつをはこぶしごとをしています。
　そのために、うんてんせきのほかは、ひろいにだいになっています。おもいにもつをのせるトラックには、タイヤがたくさんついています。
　クレーン車は、おもいものをつりあげるしごとをしています。
　そのために、じょうぶなうでが、のびたりうごいたりするように、つくってあります。車たいがかたむかないように、しっかりしたあしが、ついています。　　　（「じどう車くらべ」1年国語上, 光村図書出版, 2010年）

　本文で、「それぞれのじどう車は、どんなしごとをしていますか」「そのために、どんなつくりになっていますか」と問いかけているとおり、「つくり」と「しごと」, つまり構造と機能の関係が内容の中心をなしている。これは「くちばし」の形態と機能とよく似ている。そして最後には次のように問いかけ、実際には書く活動へとつながる流れになっている。

　　はしご車は、かじのときにはたらくじどう車です。どんなしごとをしていますか。
　　そのために、どんなつくりになっているでしょうか。
　　ほかにどんなじどう車がありますか。一つえらんで、かきましょう。

　確かに、この文章の説明の仕組みが理解できたかどうかを確かめるには、同じような文章をほかの車について書かせてみればよい。「くちばし」にしても、「いきもののあし」にしても同じような動物クイズをきちんと作れ、答えを教えるときにきちんと説明できるかどうかを見れば、文章が読めたかどうかはわかる。

そこで、しばしば次のような学習が行われる。

> 次の□をうめましょう。
> バスやじょうよう車は、□□□□□□□□しごとをしています。
> そのために、□□□□□□□□つくってあります。
> □□□□□□□□ように、□□□□□□□あります。
>
> バスやじょうよう車は、人をのせてはこぶしごとをしています。
> □□□□、ざせきのところが、ひろくつくってあります。
> そとのけしきがよくみえる□□□、大きなまどがたくさんあります。

　構造と機能の関係はこうして接続語や関係を示す言葉とともに理解されるはずである。実際に、この段階ではほとんどの１年生が空欄を埋めることができる。しかしそれは、本文の説明の順序にしたがって言葉を埋めているだけで、構造と機能の関係が理解されたのではないことが、実際に文章を書いてみるとわかる。

(2) 論理関係と思考
　しばしば、学習者は次のような文章を書いてしまう。

> 　いどうえいぞう車は、に台のよこに大きなえきしょうテレビがついていて、たくさんの人にえいぞうを見せるしごとをしています。そのために、に台のよこに大きなえきしょうテレビがついています。たくさんの人にえいぞうを見せるように、大きなえきしょうテレビがあります。

　文章のパーツはそろっているし、形も忠実になぞってある。しかし、説明は同じことの繰り返しである。こうしてみると、やはり構造と機能の関係を論理的関係としてとらえないとそもそもきちんとした説明ができず、説明の順序も成立しないのだということがわかる。
　浜本純逸は「いきもののあし」を例に、違いと共通の部分を見出すことで、

「比べる」という方法知（問題解決の過程において働く思考力の要素）を得ることができると説明している[1]。次のような構造である。

あひるの	あしは	みずかき	だから	およぐ
(違い)	(共通)	(違い)	(共通)	(違い)
だちょうの	あしは	がっちりしたゆび	だから	はやくはしる

　違う生き物の足の写真を見て，同じ文章構造で説明できるかどうかは，このような方法知・思考力が備わって初めて可能なのである。
　ここでは，2つの文章を比べて，「〇〇のあしは，〇〇があります。だから，〇〇ことができます」という共通の部分を押さえることが，構造と機能の関係を捉えることにつながるし，あひるのからだの構造的特徴をだちょうのからだの構造的特徴と比べて，「違い」として捉えることが，ほかの生き物の足について考え説明できるという思考につながっていくわけである。
　順序は単純に順序に終わる問題ではないことがわかる。幸い，1年生の説明文は必ずといっていいほどこの形態―機能，構造―機能にかかわる教材を載せているので，教科書の教材を関連づけながら読んでいくことが有効である。

3　説明文における物語モードの読み

(1) 説明文教材の物語的要素

　次の文章は，「ビーバーの大工事」（2年国語上，東京書籍，2010年）の冒頭である。読んでみよう。

　　ここは、北アメリカ。大きな森の中の川のほとりです。
　　ビーバーが、木のみきをかじっています。
　　ガリガリ、ガリガリ。
　　すごいはやさです。
　　木のねもとには、たちまち木のかわや木くずがとびちり、みきのまわり

が五十センチメートルいじょうもある木が、ドシーンと地ひびきを立ててたおれます。

　これは説明文だろうか。語り手が場を設定する冒頭文、「ています」という継続相（アスペクト）の文末、「ガリガリ、ガリガリ」というオノマトペの言い切りの文末などのさまざまな要素が、文学的な文章の特徴をなぞっている。続きは次のようになっている。

　　近よってみますと、上あごの歯を木のみきに当てて、ささえにし、下あごのするどい歯で、ぐいぐいとかじっているのです。するどくて大きい歯は、まるで大工さんのつかうのみのようです。

　このような文章の特徴から、この教材を説明的な文章ではないと言う教師もおり、実際に一度は、事実をなぞった説明をした文章に書き換えられたことがある。しかし、それでは子どもたちが興味をひかれないということだと思われるが、現在のような形に戻っている。この文章は子どもたちにとっては面白い文章なのである。

(2) 物語モードと説明文モード
　では、子どもたちはどのようにこうした文章を読むのであろうか。端的に言って、物語モードの読みと説明文モードの読みと、両方の読み方があらわれる。
　物語モードの読みは、この文章の特徴に沿った読みで、ビーバーはするどい歯で大きな木を切り倒し、家族総出でダムを造り安全な巣を作る大工事をやってのけるすごい生き物だということを感想で述べる。「何が書かれていたか」と問うと、「協力の大切さ」とか「動物の家族の団結」とか「ビーバーのかしこさ」というような教訓的な主題に近いことを答えたりする。
　一方、説明文モードの読みは、この文章の内容に沿った読みで、「ビーバーの歯は大きな木をかじって倒すほど鋭く強い」「ビーバーの造るダムはときに高さ二メートル、長さ四百五十メートルにもなる」「ビーバーはダムを造るこ

とで安全な巣を作る」というような情報を読み取る。また、この文章の場合には、まさに巣を作る順序を追って説明がなされているから、どんな手順で巣を作るかということも読み取れる。ビーバーの歯や後ろ足にかかわる形態的特徴とその機能についての記述もあるので、1年生の説明文とつながる情報も読み取れる。

そして、どちらのモードで読んでも、文章の内容そのものは読み取れる。教科書が提示しているてびきには次のような内容が示されているが、どちらのモードで読んでも答えることは可能だろう。

　　○教科書のどこに書いてあるか、さがしてこたえましょう。
　　　・ビーバーの歯は、どのようになっていますか。
　　　・ビーバーの後ろ足は、どのようになっていますか。
　　　・ビーバーは、どれくらい水の中にいられますか。
　　○つぎのことをたしかめましょう。
　　　・ビーバーは、どんなじゅんじょでダムをつくりますか。
　　　・ビーバーのすは、どんなふうになっていますか。
　　　・ビーバーがダムをつくるのはなぜですか。

ただし、もしもこの文章を参考にして、自分も何かの説明を書きましょうという活動に展開する場合には、物語モードの読みをした学習者は、描写の仕方や、まとめを模倣することになるかもしれない。順序や正確な情報に注目させ、説明文を書かせたい場合には、あらかじめそうした課題を提示し、読みのモードをコントロールする必要があるだろう。説明文の読みでは、形式を読むのか内容を読むのかという形式と内容の対立が伝統的に見られるが、その場合の形式とは何をさすのかという点を明確にしないと書く活動への展開がむずかしくなる。

4　形式と内容の統合としての読み

(1) 筆者想定法

　寺井正憲は，PISAへの対応が問題となった状況[2]の中で，PISA型読解力として求められるリテラシー（広い意味での読解力。表現につながる力を含む）が，長い伝統を持つ筆者想定法の意味を現代によみがえらせたとして，形式と内容の統合的な読みを可能にする読み方に着目している[3]。

　筆者想定法とは，簡単に言うと，その文章を書いている筆者の立場を仮に考え，なぜそう書くのか，どう書くべきなのかを考える読み方を指す。書き手の立場になってみれば，どういうこと（内容）を，どんなふう（形式）に，書くのかということが問題になるわけで，自然と表現者の立場から形式と内容を統合的に読むということにつながっていくわけである。

　試みに，2年生の教材「たんぽぽのちえ」（2年国語上，光村図書出版，2010年）の各段落の最初の一文を並べてみよう。

　①春になると、たんぽぽの黄色いきれいな花がさきます。
　②二、三日たつと、その花はしぼんでだんだんくろっぽい色にかわっていきます。
　③けれども、たんぽぽはかれてしまったのではありません。
　④やがて、花はすっかりかれて、そのあとに、白いわた毛ができています。
　⑤このわた毛の一つ一つは、ひろがると、ちょうどらっかさんのようになります。
　⑥このころになると、それまでたおれていた花のじくが、またおき上がります。
　⑦なぜこんなことをするのでしょう。
　⑧よく晴れて、風のある日には、わた毛のらっかさんは、いっぱいにひらいて、とおくまでとんでいきます。
　⑨でも、しめり気の多い日や、雨ふりの日には、わた毛のらっかさんは、すぼんでしまいます。

⑩このように、たんぽぽは、いろいろなちえをはたらかせています。

　書き出しには段落の位置づけが示されていることが多い。これを見て、何が書かれている文章かと聞けば、「たんぽぽがどんなちえを働かせて、生きているかが書かれている」ということが答えられるだろう。最後の一文「そうして、あちらこちらにたねをちらして、あたらしいなかまをふやしていくのです」という内容がわかれば、「たんぽぽがどんなちえを働かせてたねを作り、仲間を増やしていくのかが書かれている」ということまでわかる。また、どんなふうに書かれているかを聞けば、「たんぽぽの花が咲いてから種ができて飛んでいくまでのことが、順序を追って書かれている」ということが答えられるだろう。そして、その順序をおいながら、③の「けれども」、⑦の「なぜ」のように、説明が詳しく付け加えられている段落が挿入されているという構造もわかる。

　筆者の立場になって、「これはどういうつもりで書いた文章なのか」という問いに答えれば、「たんぽぽがどのようにして種を作り仲間を増やすかを、時系列を追って〈ちえ〉という観点で説明しようと思って書いた」ということになる。こうして、説明的文章の内容と形式が統合的に把握される。

（2）読みのスキーマ

　うっかりすると、一つひとつの段落の意味を時間の表現や順序性に基づいて内容を確認するだけになってしまうが、読みという行為は何らかの枠組みをもってなされるものなので、そういう枠組み（スキーマ）に着目しないとばらばらな情報を積むだけになってしまう。文学教材の場合は、「物語」「昔話」「短歌」などというジャンル、形式がそのままスキーマになり、それに合わせた読みの方略があらかじめとられているが、説明文にはそこまでの形式性がないので、その都度、スキーマが形成されることになる。「たんぽぽのちえ」の場合には、表題に「ちえ」というキーワードがあり、「たんぽぽのちえって、何だろう」と考えながら読むと、第1の知恵、第2の知恵……が構造化されて理解されていくことになる。こういうトップダウンの理解の方向性が働かないとばらばらなままになり、ボトムアップのつもりがボトムだけになって

しまうわけである。

　先の「ビーバーの大工事」は物語スキーマによって読んでいっても，内容と形式が統合的に把握できる構造になっていたわけである。

　このように，低学年の説明文教材においては，順序に着目しつつ，述べられていることの中にある論理を読み取り，学習者の中で，どのようなスキーマのもとに内容と形式が統合的に把握することができるのかという観点で教材研究を進めることが求められる。

```
確認問題
```

1　第1学年，第2学年の説明文教材を1つ取りあげ，そこに使われている接続語とそれによってどんな論理関係が示されているかを具体的に指摘しよう。
2　その説明文教材について，各段落の第1文を抜き出して並べ，内容と形式がどのように読み取れるのか，説明しよう。
3　その説明文教材について，「これはどういうつもりで書いた文章なのか」という問いに筆者の立場で答えよう。

注・引用文献・より深く学習するための参考文献
1)　浜本純逸「国語科における思考力を高める授業のあり方」『RISEいんぐ』第2号，学校教育研究所，2010年
　　浜本純逸「『ことばについて考える』学習と論理的思考力の育成」『平成20年度東京学芸大学国語教育学会研究紀要』2008年
2)　PISAとは、OECD（経済協力開発機構）が行っている学習到達度調査Programme for International Student Assessment　のことを言う。2000年から3年ごとに行われ，そこで言うreading literacy（日本では読解力と訳しているが，従来の国語教育で言っていた読解力とは異なる。定義は以下のようなもの。「個人が様々な状況において，また周囲の人たちとの相互作用の中で，知識と技能と方策とを組み合わせて進歩していく能力」）のポイントが先進国の中で相対的に低かったことが日本では問題化した。
3)　寺井正憲「時代が追いついた筆者想定法——テクスト創造、PISA型読解力との関わりで」『月刊国語教育研究』No.413（2006年9月号），日本国語教育学会

第6章

読むこと・説明文(2)

　第3学年，第4学年の読むことにおける説明的文章教材の指導事項には，中心となる語や文，事実と意見との関係など，説明文を読むうえでの基礎的・基本的な内容が含まれている。また，段落相互の関係では，文章全体を構成面から俯瞰し，「はじめ」「なか」「おわり」という構成を捉えるとともに，構成要素ごとに読む能力を養うことが大切である。これは高学年での読みにつながるものである。しかし，中学年の子どもにとっては事実と意見を読み分けたり，文章を相対化して捉えたりすることは容易ではない。

　高学年では，文章がどのように書かれているか，表現の形式に着目した指導事項が設けられている。しかし，形式の理解は，あくまでも学習者が内容を理解するための手立てであり，形式の理解が学習の目的ではない。このような意味でも，学習者が「はじめ」「なか」「おわり」という文章の論理構成の役割や叙述の特徴を理解するための手立てを工夫するとともに，筆者の主張に迫るための手立てを構想する教材研究が必要である。

キーワード

　　事実と意見　　内容と形式　　段落相互のつながり　　筆者の主張

1　説明文教材の特性

(1) 学習指導要領における「段落相互の関係」「事実と意見の関係」

　第3学年および第4学年の〔C読むこと〕のうち，説明的な文章の解釈に関する指導事項として，(2)内容の①指導事項の(1)のイに，次のように述べられている。

　　　目的に応じて，中心となる語や文をとらえて段落相互の関係や事実と意見との関係を考え，文章を読むこと。

2008（平成20）年8月の「小学校学習指導要領解説国語編」では，この内容について次のように解説している。

　　　文章を読む目的に応じて中心となる語や文をとらえるような学習を工夫することが重要である。読む目的によって本や文章の活用の仕方が変わり，そのため取り上げる中心となる語や文も変化してくる。中心となる語や文に注目して要点をまとめたり，小見出しを付けたりするなどして，内容を整理することが大切となる。

　第3学年および第4学年においては，説明文教材はこのような特性に着目した教材が取りあげられ，その趣旨に沿って学習指導が行われることになる。

(2) 説明文教材の実際

　実際に，説明文教材を見てみよう。「めだか」という教材は単元名に「じょうほうをもとめて読む」とあり，段落ごとに要点をおさえて読めるようにすることをねらいとしている。

　　　では，めだかは，そのようなてきから，どのようにして身を守っているのでしょうか。
　　　第一に，小川や池の水面近くでくらして，身を守ります。水面近くに

は、やごやみずかまきりなどの、てきがあまりいないからです。
　第二に、すいっ、すいっとすばやく泳いで、身を守ります。近づいてきたてきから、さっとにげることが上手です。
　第三に、小川や池のそこにもぐっていって、水をにごらせ、身を守ります。近づいてきたてきに見つからないようにかくれます。
　第四に、何十ぴきも集まって泳ぐことによって、身を守ります。てきを見つけためだかが、きけんがせまっていることを仲間に知らせると、みんなはいっせいにちらばります。そして、てきが目うつりしている間に、にげてしまいます。　　　（「めだか」3年国語上，教育出版，2012年）

　まず最初の段落では「めだかが敵から身を守る方法」に関する疑問(問い)を示した後、次に4段落に分けて答えを述べている。学習者には，疑問(問い)と答えという段落相互の関係について理解させることができる。この5つの段落を意味段落としてひとまとまりに捉え、「てきから身をまもる方法」といった小見出しを付けさせる学習が考えられる。
　また，この4段落の文頭にある「第一には～」という表現に着目させる必要がある。この表現は3年の言語生活にはない言葉であるが，物事を順序立てて説明するための表現として理解させる意義がある。そのうえで，要点を整理する際の有効な手立てとして，箇条書きによる書き方を指導することができる。
　箇条書きのためには，中心となる語や文を見つけなければならない。そのためには，それぞれ1文目に要点が述べられ，2文目には理由や詳しい説明が書かれていることに気づかせるようにする。1文目の中心となる言葉に着目させ，それぞれ「①水面近くでくらす」「②すばやく泳ぐ」「③底にもぐる」「④何十ぴきも集まって泳ぐ」と番号を付けて並べて示すことにより，箇条書きの効果についても考えさせることができる。
　教材はこの後は次のように続く。

　　めだかはこうして、てきから身を守っているだけではありません。めだかの体には、自然のきびしさにもたえられる、とくべつな仕組みがそなわっているのです。

「こうして～」という表現は，前の5段落の内容を受けてまとめるための表現である。また，次の段落に接続させるために，続けて「めだかの体には，自然のきびしさにもたえられる，とくべつな仕組みがそなわっているのです」と述べられている。「こうして～」のように段落相互をつなぐ言葉の役割についても理解させる必要がある。

　学習者には表現（「こうして～」）を手がかりにして，前の段落をまとめて受けて次につなげるという説明文の形式を理解させることができる。いわば表現と形式は一体のものであると言えよう。

2　文章構成を理解する

(1) 題名読みから「はじめ」の読みにつなげる

　文章構成を理解することは，説明文を読むうえでの重要な技能の一つである。3年の教科書後半には，このことを学ぶためのしっかりとした文章構造をもつ教材が載せられている。

　導入に当たる「はじめ」では，疑問（問い）が出される。その場合は「なか」との境界が区別しやすい。「はじめ」で提示された中心となる題材を的確に読み取るのは，「なか」の内容を類推するためにも欠かせない。いわば文章を対象化する読みであり，メタ認知能力[1]を養わせることができる。

　そのためには，題名の「ありの行列」から内容を推察させる「題名読み」の学習によって，読みへの動機付けを図る導入的な学習を行う必要がある。「題名読み」は評価読み[2]につながる読みとして位置付けられる。

　　　　夏になると，庭や公園のすみなどで，ありの行列を見かけることがあります。その行列は，ありの巣から，えさのある所まで，ずっとつづいています。ありは，ものがよく見えません。それなのに，なぜ，ありの行列ができるのでしょうか。
　　　　　　　　　　　　（「ありの行列」　3年国語上，光村図書出版，2012年）

第6章 読むこと・説明文（2）

「ありの行列」という題名は「なか」の疑問でも提示されているため、題名読みと「なか」の読みは一体の学習として設定することが大切である。

次の教材では「はじめ」の部分において、「なか」で中心的に述べる題材について大まかに触れられている。

> わたしたちの毎日の食事には、肉・やさいなど、さまざまなざいりょうが調理されて出てきます。その中で、ごはんになる米、パンやめん類になる麦のほかにも、多くの人がほとんど毎日口にしているものがあります。なんだかわかりますか。それは大豆です。大豆がそれほど食べられていることは、意外と知られていません。大豆は、いろいろな食品にすがたをかえていることが多いので気づかれないのです。
>
> （「すがたをかえる大豆」3年国語下、光村図書出版、2012年）

「ありの行列」と同様に、最後の一文では、題名で示された題材について述べられている。疑問文として提示されていなくても、段落の中から中心となる文を見つけることができれば、その後の読みの学習へとつなげていくことができる。このように疑問（問い）の提示の仕方を学習する必要がある。

(2) 問いに対する答え

何がどのように書かれているかを理解するのは、文章を相対化し、文章全体を俯瞰的に捉える読み方であり、文章を評価する読み方でもある。たとえば、(1)で挙げた「ありの行列」の「はじめ」で提示された「それなのに、なぜ、ありの行列ができるのでしょうか」という問いに対する答えは「おわり」の一文で簡潔に示される。

> この研究から、ウィルソンは、ありの行列のできるわけを知ることができました。
> 　はたらきありは、えさを見つけると、道しるべとして、地面にこのえきをつけながら帰るのです。ほかのはたらきありたちは、そのにおいをかいで、においにそって歩いていきます。そして、そのはたらきあり

ちも、えさをもって帰るときに、同じように、えきを地面につけながら歩くのです。そのため、えさが多いほど、においが強くなります。
　　このように、においをたどって、えさのところへ行ったり、巣に帰ったりするので、ありの行列ができるというわけです。　　（「ありの行列」）

　この「おわり」自体もまた、「はじめ」「なか」「おわり」の構成で書かれている。「このように」という表現に着目させるとよい。
　学習者は「はじめ」で示された問いと「おわり」で示された答えとの整合性について理解することによって、「はじめ」と「おわり」という段落相互のつながりを理解することができる。同時に、「なか」が果たしている論証としての役割についても理解させることが大切である。

3　事実と意見を読み分ける

(1) 形式から内容へ

　「事実」と「意見」について、「小学校学習指導要領解説国語編」（2008年8月）では、次のように解説している。

　　「事実」には、現実の事象や出来事、科学的事実、社会的・歴史的事実、自分が直接経験した事実や、間接的に見聞したり読んだりして得た間接的な事実などがある。また、「意見」とは、書き手や話し手が自分の思いや考えを述べたものであるが、そこには、断定的な意見や類推による不確定な意見、助言や勧告、提案などが含まれていたり、私的な見解と公的な見解といった違いなどもあったりする。筆者がこのような「事実」をどのように取り上げ、またそれらについての「意見」をどのように述べているのかを、文章の内容や構成を把握することから考えることが重要となる。

　小学校の教材では学習指導要領の指導事項に即して、「事実」と「意見」が明確に区別しやすいように書かれている。「事実と意見との関係を考え」る指導事項は高学年では次のように発展する。

目的に応じて，文章の内容を的確に押さえて要旨をとらえたり，事実と感想，意見などとの関係を押さえ，自分の考えを明確にしながら読んだりすること。

「小学校学習指導要領解説国語編」では，「事実と感想，意見などとの関係」について次のように解説している。

　筆者が，どのような事実を事例として挙げ理由や根拠としているのか，また，どのような感想や意見，判断や主張などを行い，自分の考えを論証したり読み手を説得したりしようとするのかなどについて，筆者の意図や思考を想定しながら文章全体の構成を把握し，自分の考えを明確にしていくことである。

「文章全体の構成」を把握するとは，段落をこえて，「はじめ」「なか」「おわり」の展開を把握することである。とくに，論証の中心を担う「なか」では，高学年の教材になると複雑な段落構成をもつものも見られる。学習者は事実と意見を読み分けながら，何が事例としてとりあげられ，何を証明しようとしているのかを理解しながら読み進めることが必要である。
　実際に高学年の教材の「なか」を【事実】と【意見】，【まとめの意見】に分けて見てみよう。

　【事実】あなたも生き物ですから，あなたが昨日食べたカレーライスのぶた肉は，あなたの体を作るタンパク質に変わって，今あなたの一部として働いています。【意見】つまり，外から取り入れたものが自分の一部になるのが生き物なのです。ロボットの場合，電池がイヌの体に変わることは決してありません。電池は電池，ロボットはロボットなのです。【まとめの意見】外から取り入れたものが自分の一部になる，そのようなつながり方で外とつながっているのが，生き物の特徴です。
　（中村桂子「生き物はつながりの中に」6年国語，光村図書出版，2012年）

このように「なか」では生き物とロボットの違いについて，それぞれ事実に対応した意見が述べられている。どのように「なか」では述べられているのか，「なか」の叙述を把握することにより，「おわり」で述べられた結論をより確実に理解することができるようになる。
　たとえば，【まとめの意見】の段落では，もう一段階の「つながり方」という抽象化された言葉が初出する。この段落以降は，「つながり」という言葉が頻出し，話題の中心になる。「変化・成長」「生まれ方」(誕生)についての事実が示され，「つながり」について論証される。初出の段階から「つながり」というキーワードに気づき，その内容を読み取っていくことは，筆者の論理構造に接近するための手立てでもある。
　「おわり」では次のようにまとめられる。

　　あなたは，今日もあなたであり，明日もあなたであり続ける。たった一つのかけがえのない存在です。と同時に，あなたは過去の全てとつながり，未来へもつながっていく存在なのです。

　「かけがえのない存在」という筆者の主張を表す重要な言葉が出てくる。また，「今日」と「明日」，「過去」と「未来」という対義語を軸として，「つながり」というキーワードがここでも繰り返されている。

(2) 評価しながら読む

　やや複雑な文章構成であっても，事実と意見の区別や疑問(問い)と答えの関係の把握など，いわば形式の理解は，筆者の論理構造を読み解くとともに筆者の意図を捉えるために欠かせない手続きである。形式を理解させる学習は，あくまでも内容の理解を促すための手立てであり，この意味を見失わないようにする配慮が必要である。
　読みには本文に即して内容を確認しながら読む方法のほかに，叙述方法に焦点を当てて文章を評価しながら読む方法がある。前者はこれまでの国語科の「読むこと」の指導の中心だったが，PISA型読解力が注目されたのを契機

に，テクストから情報を取り出し，熟考し，評価する読みの必要性が主張されるようになった。批判的な思考力の育成に資する読みの方法でもある。

　学習者がテクストを評価しながら読むためには，学習者に適切な問いを投げかけ，学習者の気づきを促すことが大切である。そのためには，次のような問いが考えられる。

　　〇事実の妥当性に関する問い
　　　・なぜそのような事実(具体例)がとりあげられているのだろうか。
　　　・ほかの事実(具体例)を考えてみよう。
　　〇キーワードを把握し，筆者の意図に接近するための問い
　　　・筆者はどうしてこの言葉を繰り返し用いているのだろうか。
　　〇筆者の意図をとらえ，自分の考えをもつための問い
　　　・ほかにはどのようなことが言えるか，ほかの主張を考えてみよう。
　　　・筆者の「おわり」に書かれた主張はわかりやすいだろうか。
　　〇文章構成に関する問い
　　　・「はじめ」では，筆者は「疑問」を示しているだろうか。
　　　・「なか」で示された「事実」は「意見」とかみ合っているだろうか。
　　　・「はじめ」で示された「疑問」について，筆者は「おわり」で答えているだろうか。

　(1)で述べた「事実と感想，意見などとの関係」について，「小学校学習指導要領解説国語編」では，次のように続けている。

　　　自分の考えを明確にする場合には，自分の知識や経験，考えなどと関係付けながら，自分の立場から書かれている意見についてどのように考えるか意識して読むことも大切となる。

　文章を評価しながら読むことは，批評的な読みであり，学習者が自らの考えを構築するための創造的な読みでもある。
　また，文章表現に着目し，筆者の叙述方法を理解することは，自分の考え

を相手にわかりやすく伝えるための工夫を学ぶことでもある。評価的な読みを行うことは，読むことを書くことにつなげる指導の基盤となる。

確認問題

1　第3学年の説明文教材を1つとりあげ，学習者は「題名」からどのような内容が書かれていると推察すると考えられるかを示そう。
2　第4学年の説明文教材を1つとりあげ，「はじめ」「なか」「おわり」の3つに分けたうえで，「はじめ」で示されている中心となる題材について書かれた一文を示そう。
3　第5学年の説明文教材を1つとりあげ，「事実と意見」をどのように区別しているかを分析しよう。
4　第6学年の説明文教材を1つとりあげ，「評価しながら読む」に示した評価的な読みを試みよう。

注
1)　メタ認知能力とは，自己の思考，情動，行動などの認知活動を対象化し，客観的に把握したり認識したりする能力である。たとえば，自己の学習の理解度や進捗状況などをモニタリングし，自ら評価することのできる能力である。
2)　評価読みとは，文章の書かれ方について批評する読み方である。題名読みは評価読みの一つである。森田信義は評価読みについて次のように述べている（森田信義『「評価読み」による説明的文章の教育』渓水社，2011年）。

　　「評価読み」とは，「確認読み」として読み取った（ことがら・内容，表現方法，論理）を，それらの妥当性や問題の有無という観点から吟味・評価することであり，また，問題があるものについては，その問題を解決する方途を探り，実際に解決，改善してみるという行為を指している。

より深く学習するための参考文献
・「指導用資料　教材別資料一覧3年『上巻　わかば』」光村図書出版
　http://www.mitsumura-tosho.co.jp/kyokasyo/syogaku/kokugo/3nen/
　（閲覧日　2014年11月17日）
・児童言語研究会編『小学国語　文学・説明文の授業　3年——豊かな読みを子どもたちに』子どもの未来社，2014年

第 7 章

読むこと・文学（1）

　第1学年および第2学年の読むことにおける文学的文章教材の指導事項には，場面の様子について，「登場人物の行動を中心に想像を広げながら読むこと」があげられている。また，「文章の内容と自分の経験とを結びつけて自分の思いや考えをまとめ，発表し合うこと」が，読むことの共通の指導事項にあげられている。また，第3学年および第4学年では，「登場人物の性格や気持ちの変化」について「叙述を基に想像して読むこと」があげられ，「文章を読んで考えたことを発表し合い，一人ひとりの感じ方について違いのあることに気付くこと」があげられている。登場人物の行動に沿って想像を広げ，自分の経験と結びつけて思いや考えをまとめ，発表し合ったり，人物の性格や気持ちの変化について想像し，発表し合ったりすれば，授業が成立するようにも思える。しかし，実際には，教材となっている作品の特性によって，さまざまな読み方があり得る。そして，それぞれの教材に適した学習活動は自ずと限定されることになる。そのことに着目して教材研究を行わなければならない。

キーワード

　　　　場面　登場人物　想像　音読　公共性

1 「ちいちゃんのかげおくり」で日記が書けるか

(1) 日記を書くという活動

　小学校の文学教材の学習においては，しばしば登場人物の立場に立って「日記を書く」という活動が行われる。主として低学年か中学年で行われ，中学年教材で言うと，「白いぼうし」(あまんきみこ)における「松井さん日記」を書く活動，「ごんぎつね」(新美南吉)における「ごん日記」を書く活動が代表的で，しばしば実践されている。これは，第3学年および第4学年における文学的文章の指導事項にある「登場人物の性格や気持ちの変化」を「叙述を基に想像して読むこと」に対応する活動である。しかし，この活動が常にうまくいくのかという問題がある。

(2)「ちいちゃんのかげおくり」の概要

　「ちいちゃんのかげおくり」は次のように始まっている。

　　「かげおくり」って遊びをちいちゃんに教えてくれたのは、お父さんでした。
　　出征する前の日、お父さんは、ちいちゃん、お兄ちゃん、お母さんをつれて、先祖のはかまいりに行きました。その帰り道、青い空を見上げたお父さんが、つぶやきました。
　　「かげおくりのよくできそうな空だなあ。」
　　「えっ、かげおくり。」
　　と、お兄ちゃんがきき返しました。
　　「かげおくりって、なあに。」
　　と、ちいちゃんもたずねました。
　　「十、数える間、かげぼうしをじっと見つめるのさ。十、と言ったら、空を見上げる。するとかげぼうしがそっくり空にうつって見える。」
　　と、お父さんがせつめいしました。
　　「父さんや母さんが子どものときに、よく遊んだものさ。」
　　「ね。今、みんなでやってみましょうよ。」

と、お母さんが横から言いました。
　ちいちゃんとお兄ちゃんを中にして、四人は手をつなぎました。そして、みんなで、かげぼうしに目を落としました。

(国語3年下，光村図書出版)

　実際の授業では、この遊びを晴れた日に校庭に出て行うことが多く、そのことが作用して、印象深くこの作品を記憶している人が多い。この遊びには特定の名前がなく、「かげおくり」という名前をつけたのは実は作者自身だそうである。「空に影を送る」という意味であろうが、すでに葬儀における「門送り」に響いて、死のにおいのする表現となっている。
　物語は、この家族でかげおくりをする場面[1]、次の日おとうさんが出征する場面、戦争が次第に激しくなっていく場面、空襲の夜の場面、ひとりぼっちになった翌朝からさらに翌日の場面、さらに翌日ちいちゃんが亡くなる場面、何十年あとの町の様子の場面というように展開する。物語の中心を占めているのは、空襲から亡くなるまでの出来事であるため、4日間の出来事を想像し、主たる登場人物（主人公）[2]である「ちいちゃん」の日記を書くという活動が構想されるのであろう。

(3)「ちいちゃん日記」の問題点
　「ちいちゃん日記」を教室で行った活動を見ると、次のような問題点が見られた。
　1つは、焼け落ちた家の跡に行き、防空壕の中で眠った翌日に、「ちいちゃんがあちこち歩いて家族を探した」とある学習者が日記に書いたことである。対応する部分のテクスト[3]は、次のようになっている。

　　その夜、ちいちゃんは、ざつのうの中に入れてあるほしいいを、少し食べました。そして、こわれかかった暗いぼうくうごうの中でねむりました。
　　「お母ちゃんとお兄ちゃんは、きっと帰ってくるよ。」
　　くもった朝が来て、昼がすぎ、また、暗い夜が来ました。ちいちゃん

は、ざつのうの中のほしいいを、また少しかじりました。そして、こわれかかったぼうくうごうの中でねむりました。

その学習者が、「くもった朝が来て、昼がすぎ、また、暗い夜が来ました」というところを、一種の省略とみなして、その間の行動を想像して書いている。だが、それでよいのであろうか。もちろん、語り手の説明としてこのテクストを読むこともできるので、一日の出来事を省略したと考えることも、この一文だけなら可能である。しかし、ここは、より「ちいちゃん」の感覚に即した表現として読むこともできる。つまり、語り手が外側から「一日が過ぎた」ことを説明しているというよりも、「ちいちゃん」が防空壕の中で、「朝が来て昼が過ぎ夜が来る」という時間を感覚として経験したというその知覚の提示に近いものとして見るわけである。直前の表現は「ました」というタ系列（回想・過去などを表す文末のタ）の文末表現になっており、その影響から、ここも語り手の説明であると見ることもできるが、その場合でも、語り手は省略したのではなく、ちいちゃんが何もできず、動かずに一日を過ごしたことを「ちいちゃん」の立場から報告していると理解すべきであろう。「朝になる」という表現よりも「朝が来る」という表現のほうが、若干、感覚主体を前面に出すという感じもある。そう考えると、この表現から、「いろいろなことをした」という日記を書いている学習者には、「そうだろうか？」という投げかけがあるべきである。

もう1つは、「『体の弱いお父さんまで、いくさに行かなければならないなんて』とお母さんが言っていたけど、戦争に行ったお父さんはきっと死んでしまうだろう」というある学習者の記述である。これは次の部分のテクストに対応していると考えられる。

　　「体の弱いお父さんまで、いくさに行かなければならないなんて。」
　　お母さんがぽつんと言ったのが、ちいちゃんの耳には聞こえました。

このお母さんの言葉の意味を、この物語の中のちいちゃんが理解していると考えてよいか、という問題がある。

「ちいちゃんの耳には聞こえました」は聴覚表現であり、可能表現であるが、「ちいちゃん」という三人称表現が使われており、語り手の説明となっている。「は」は、限定の「は」であり、「ほかの人の耳にはともかく」という意味がある。お母さんは、ほかの人には聞こえないような小声で言ったと常識的には考えられるから、そばにいたちいちゃんの耳には聞こえたと言うべきであろう。しかし、その意味がどの程度「ちいちゃん」にわかったのかは不明である。

　「ちいちゃんのかげおくり」全体を見ても、知覚にかかわる表現はたくさんあるが、思考に直接かかわる表現は、「どこがうちなのか──」だけである。このテキストでは「ちいちゃん」の思考を表現することがむしろ避けられている、と考えるべきであろう。ひとりぼっちになっても、「お母さんはどうしたんだろう」というようなつぶやきはない。ちいちゃんがお母さんのつぶやきから、お父さんの運命を考えるという方向の読みは自然には導かれないであろう。

　この学習者にも、ちいちゃんがお父さんの運命を予測していたかどうかについて考えるよう促す必要がある。そして、テクストの表現構造から考えるよう促すべきである。

　こうした検討は一見「こまかい」ようではあるが、学習者は案外気づくものである。「白いぼうし」で松井さん日記を書くという授業を見たときにも、松井さんの立場で知覚制限をかけて、語り手や読み手は知っているが、松井さんが知らないことは書かない、あるいは疑問をつけるというようなことを行っている学習者が複数いた[4]。「白いぼうし」もそうだが、超越的な語り手の物語は基本的には語り手に寄り添う読みのモードを駆動するのに、作中人物の思考・知覚に立った記述を要求されるのが「〜日記」を書くという作業である。そこには一定の読みの転換が起こるものである。それなりにむずかしい作業なのである。

2 「スイミー」でペープサートができるか

(1) ペープサートという活動

　ペープサートは，人物の絵などを描いた紙に割りばしなどの棒をつけたものを動かして演じる一種の人形劇で，国語科の学習でとくに低学年でしばしば行われる活動になっている。ペープサートという言葉はいわゆる和製英語で，英語ではペーパーシアター (paper theater) ないしペーパーマペットシアター (paper muppet theater) と呼ばれる。日本の紙芝居の伝統にあり，第2次世界大戦後，絵だけを用いる紙芝居と区別するために，ペープサートと呼ぶようになったという。

　学習で用いられる理由は，絵を棒に貼り付けるだけという簡単な準備でできること，演じることによって，子どもの読みを具体的に動きとして表すことができるからであろう。

　もちろん，お芝居のように全身で演じることもしばしば行われる。たとえば，1学年の教材として定着している「おおきなかぶ」では，しばしば，実際におじいさん，おばあさん，まごなどの配役を決め，ナレーターをつけて芝居として演じることがなされる。演劇化することには，物語のテクストをお芝居ふうに書き換える活動も含まれることもあって，教材をじっくり読む必要が生じるので，学習活動としては意味のある活動である。「おおきなかぶ」はもともとはロシアの子どもの遊び歌から来ており，つぎつぎ連なって足をつかんでひっぱるという遊びの動きが前提なので，お芝居にするのはもともと理にかなっているとも言える。しかし，演じることには身体的な表現力が必要なので，ペープサートはより簡便な方法として学習活動として取り入れられるようになった。

　「スイミー」は，画家から美術編集者，彫刻家など多彩な才能を見せたレオ・レオニ Leo Lionni の代表作とも言える絵本作品である。日本では，国語科の低学年教材として絵本が題材として採られることも多く，そうした絵本からの教材化の代表例である。黒い小さな魚スイミーが，仲間をまぐろに食べられてしまい，いろいろな苦労の末に，新しい仲間たちと恐ろしい敵である大きな魚を追い返すという話である。これをペープサートで演じると，

子どもたちはたくさんの赤い魚になり，さまざまな海の生き物になり，スイミーになって，物語を演ずることになる。子どもがみんなで参加できること，物語テクストを自らの身体的表現に引き寄せて捉え直すことができることなど，学習上の利点がある活動である。

(2)「スイミー」における人物と動きの関わり

ところが，実際にペープサートをやっている授業を見てみると，時々，おかしな場面に出会うことになる。次の場面である（2年上巻の位置づけのため，文節ごとの分かち書きが用いられている）。

　　スイミーは　考えた。いろいろ　考えた。うんと　考えた。
　　それから　とつぜん　スイミーは　さけんだ。
　　「そうだ！」
　　「みんな　いっしょに　およぐんだ。うみで　いちばん　大きな　魚の　ふり　して！」

　　スイミーは　教えた。けっして　はなればなれに　ならない　こと。みんな　もちばを　まもる　こと。

　　みんなが、一ぴきの　大きな　魚みたいに　およげるように　なったとき、スイミーは　いった。
　　「ぼくが、目に　なろう。」

　　あさの　つめたい　水の　中を、ひるの　かがやく　ひかりの　中を、みんなは　およぎ、大きな　魚を　おい出した。

（国語2年上，光村図書出版）

ペープサートの学習活動は，役割を決めたうえで，場面に即して，それぞれがどう動けばいいかを考えながら進行する。しかし，この動きを考えたり，指示したりという役割は，2年生になったばかりの教室では，先生が自ら担

うか，かなり指示的に関わることになる。そこで起こるのが，スイミー役の子まで，ほかの赤い魚の役の子たちと右往左往するという状況である。

　よく読めばわかるように，物語の場面としては，赤い魚たちに，スイミーが「教え」て，1匹の魚のように泳げるようになるまで，いわば演出家のような立場で指示をしているところである。スイミーは離れたところで，魚たちに指示を出すという場面をつくらなければならない。ところが教室の中では，先生が指示を出しているので，スイミーの居場所が不明確になるのである。子どもの発達段階から見ても，物語を客観的に読むことができる段階へ移行する境目だから，教室における状況と物語の場面との区別がつかなくなるということが起こるわけである。

　しかし，ここは，スイミーだけがこの魚の仲間の中で黒かったということに意味が与えられる（目になる）場面であり，大切な場面である。そして，物語の場面を演じながらも，物語の中での出来事や言葉と，それを外から見る状況の中での出来事や言葉との区別を知っていく重要な学習にもなる。スイミー役の子はどこにいて何をすればいいか，そしてそれはなぜか，を考えさせることで，このペープサートの活動はより深い意味を持つことになる。活動の中で考え，読み直すということが起こらないのであれば，その活動は国語の学習から遊離したものになってしまう。

（3）「言語活動」がどう学習内容となるのか

　第1章で見たように，国語科の学習指導要領では，(2)「内容」の②に「言語活動例」が例示されており，ある程度内容との関連が図られている。第1学年および第2学年の〔C読むこと〕の言語活動例には以下のような例が示されている。

　　ア　本や文章を楽しんだり，想像を広げたりしながら読むこと。
　　イ　物語の読み聞かせを聞いたり，物語を演じたりすること。
　　エ　物語や，科学的なことについて書いた本や文章を読んで感想を書くこと。

また，第3学年および第4学年の言語活動例には次のような例が示されている。

　ア　物語や文章を読み，感想を述べ合うこと。

　これらは「例」であるから，ほかの活動でもよいわけであるが，第1学年および第2学年アの「想像を広げ」ること，イの「物語を演じ」る活動が，「ペープサートを演じる」活動にあたることはわかる。しかも，これは内容の(1)のウの「場面の様子について，登場人物の行動を中心に想像を広げながら読むこと」にそのまま対応している。

　しかし，すでに検討したように，「スイミー」において「物語を演じ」る活動として「ペープサート」を行うとき，どのような配慮，どのような前提的な学習活動が必要かということに配慮しなければならない。また，「ちいちゃんのかげおくり」において「叙述を基に想像して読む」活動として「日記を書く」ことがうまく機能するかどうかというと疑問である。

　学習指導要領の内容の①と②を組み合わせれば学習単元がつくれるかのように考える向きもあるが，国語科，特に「読むこと」においては，教材となる文章そのものの特性が何よりも重要であり，その特性を十分分析したうえで学習をデザインしないと，結果的に学習目標に到達できなくなる。たくさんある先行研究を検討しながら，学習集団の特性にも配慮しつつ，学習をつくらなければならない。日記を書くということはどういうことか（たとえば人物の心を想像して書くとか）教えなければならないし，ペープサートをやるときにはそのやり方を教え，モデルを見せたりもしなければならない。こうした配慮抜きには，「言語活動」は学習内容として成立しないものなのである。

3　文学的文章における音読指導

　「読むこと」には，音読に関わる内容が設定されており，学年を追って次のようになっている。

　　第1学年及び第2学年

語のまとまりや言葉の響きなどに気をつけて音読すること。
　第3学年及び第4学年
　　内容の中心や場面の様子がよくわかるように音読すること。
　第5学年及び第6学年
　　自分の思いや考えが伝わるように音読や朗読をすること。

　朗読がより主体的な表現活動に近いものとして理解されるため，高学年に配当されている。学習指導要領解説にも書かれているとおり，低学年の場合には，「伝統的な言語文化と国語の特質に関する事項」にある姿勢や口形，声の大きさや速さなどに配慮した，初歩的な発声重視の音読指導が中心になる。
　教室における音読指導には問題が多い。「すらすら読める」ことを重視するあまり，ひたすらスピードを競うような音読が行われたり，全員参加を促すために「まる読み」などと呼ばれる一文ごとに学習者がリレーをしながら読む活動がなされたりする。文学的文章における音読は「文学」としてそのテクストを読んだ，その理解の表現であるから，文学にふさわしい読み方でなければならない。説明的文章とは異なる音読が必要である。大げさな表情をつけた音読も，文学としての受け止めを阻害するので，なるべく淡々と読むことが重要である。これは授業者による範読においても同様である。

4　読みの公共性と授業

　教室における読みと，個々人の読みとは違う。このことは，文学的文章において特に顕著なことであり，教材研究を行う際に注意しておかなければならないことである。一人で読む際には，自由な読みができるし，どんな感想を持ってもよいわけであるが，教室でそれをすべて自由に出すことができるかと言うと，そうならないことがある。
　「ちいちゃんのかげおくり」を予習のつもりで読んだ3年生が押し入れにこもってしまってしばらく出てこなかったという話を聞いたことがある。しばらくして出てきたその子は，「あまんきみこのくせに，子どもの夢をこわすな」と言ったということである。ここには，文学作品の読みの個人的な性格と学

習の場での読みの公共性の問題がある。この物語をそのように受け止めた子どもにとって，毎日授業でこの物語を読むのはとてもつらい作業であろう。個の読みを授業において発表し合い一人ひとりの読みの違いについて気づく過程では，個人の読みを公共の場に提出するという一つの抵抗を感じる壁がある。

「ちいちゃん」の思考が描かれない理由も同じところにあると思われる。あくまで超越的な第三者としてしか，この悲しい出来事を描けないのだ。ちいちゃんに寄り添う読者はある意味いたたまれない感覚を持つ。それは一人の読書としては耐えられるかもしれないが，公共の場で自らの読みを開示する場合，「つらい」ものとならざるをえない。この教材では，無理をして読みの交流の活動に学習者を巻き込まなくてもいいような気さえする。

もちろん，作品としての「ちいちゃんのかげおくり」は，そのようなファンタジー的な形で提示されるちいちゃんの死の理不尽さを，出征の前のささやかな別れの儀式や，母親のささやかな抵抗，ある意味ちいちゃんを見捨てざるを得ない大人，時代を経ての平和な光景との対比，などを通して描いている。それを対象化しつつ受け止めることで，戦争の酷薄さを読み考えることのできる作品であろう。しかし，小学校3年生が教室で読みを交流するために，どこに学習を成立させるかは，子どもの実態に即してよく考える必要がある。

確認問題

1　第1学年，第2学年の文学教材を1つとりあげ，その教材についての先行研究を2つ探して，その教材の読みの違いを分析しよう。
2　その文学教材について，自分なりの分析をまとめ，どのような学習が可能か，そういう言語活動を行うことができるか，例示しよう。
3　自分が子どもの時に読んだ印象的な文学教材をあげ，なぜそれが印象に残っているのか，その理由を説明しよう。

注・引用文献
1) 「場面」はドラマや演劇とは違い,場所そのものには規定されない。物語,小説においては,物語を構成する単位として考えるため,同じ場所にあっても場面が変わると捉えることもあるし,複数の場所を移動しても同じ場面と捉えることもある。
2) 「主人公」は,それぞれの読者が誰を主人公と捉えるかという主体的な読みとかかわるものであり,一義的には決められないが,「ちいちゃんのかげおくり」の場合は,登場人物が限られており,視点人物も限定されているので,主人公と呼んで差し支えない。
3) ここでは,文学作品の本文を読み手が主体的に解釈しかかわり合う対象として捉えるに際し,言語学などと同様,テクスト text として呼ぶことにする。
4) 松本修「オータナティブな学習過程を想定した学習活動 ──『白いぼうし』における読解と読書」『月刊国語教育研究』No.440(2008年12月号),日本国語教育学会,pp.50-57

より深く学習するための参考文献
・田近洵一『創造の〈読み〉新論 文学の〈読み〉の再生を求めて』東洋館出版社,2013年
・田中実・須貝千里編『文学の力×教材の力』小学校編1〜6年 教育出版,2001年
・松本修『文学の読みと交流のナラトロジー』東洋館出版社,2006年

第 8 章

読むこと・文学 (2)

　第3学年および第4学年では、「登場人物の性格や気持ちの変化や情景」について「叙述を基に想像して読むこと」があげられ、文学的な文章の読み方が指導事項になっている。

　第4学年の「ごんぎつね」(新美南吉)は、長年にわたって国語教科書に採録されてきた。1997(平成9)年以降、すべての国語教科書に採録されるようになった。多くの子どもたちが国語教室でこの作品に出会ってきた。まさに国民的な児童文学と言ってもよい。

　文学作品を扱う場合、文学における感動や面白さの体験を軸にしつつも、文学の読み方を学ぶことを軸にしながら授業を行う必要がある。そのためには初読者である学習者の読みを想定しながら教材研究を行わなければならない。その際、語りの特徴や構造を分析することを通して、あらかじめ学習者の多様な読みを想定し、授業者自身の読みをつくりだすことが求められている。

キーワード

　　感動体験　文学の読みの方法　語り　主題　異化効果

1　文学における感動体験

(1) 文学の感動体験の意義

「小学校学習指導要領解説国語編」(2008年8月)の第3学年および第4学年では,「ウ文学的な文章の解釈に関する指導事項」について,次のように述べている。

> 「叙述を基に想像して読むこと」とは,フィクション(虚構)による世界が描かれている物語や詩の描写を,想像力を働かせながら読むことである。叙述を基に,それぞれの登場人物の性格や境遇,状況を把握し,場面や情景の移り変わりとともに変化する気持ちについて,地の文や行動,会話などから関連的にとらえていくようにすることが必要となる。その際,自分を取り巻く現実や経験と照らし合わせて物語の世界を豊かにかつ具体的に感じ取ったり,そこから感じ取った感想や感動を大切にすることが必要である。

このように想像力を働かせることの大切さとともに,自己の経験と照応させた読みの必要性が示されている。中学年は子どもたちが徐々に人間,社会,自然などに対する見方や感じ方,考え方を広くしていくことが必要な発達段階でもある。想像力を働かせて物語の虚構の世界から意味を読み取るだけではなく,その意味を自己の経験に置き換えていくことにも想像力が必要である。虚構の世界と自己の経験を意味づけたり関連づけたりしていくことに文学の言葉を読む意義がある[1]。

(2) 「ごんぎつね」の指導

「ごんぎつね」は,ごんの語りによって,ごんの心情を中心に展開されている。全部で6つの場面から構成されている。学習者はごんの心情に寄り添いながら共感的に読み進めていく。ごんと兵十の行き違いを見守りつつ,クライマックスでごんを襲う悲劇に理不尽なものを感じる。ごんの性格,ごんが置かれた状況,ごんや兵十の言葉をとらえることが指導の中心になる。たと

えば,次の第3場面の冒頭では,ごんの人物像についてとらえることができる。

  兵十が,赤いいどのところで麦をといでいました。
  兵十は,今までおっかあと二人きりで,まずしいくらしをしていたもので,おっかあが死んでしまってからは,もうひとりぼっちでした。「おれと同じ,ひとりぼっちの兵十か。」こちらの物置の後ろから見ていたごんは,そう思いました。

ごんの繊細な心情が語られており,心やさしいきつねであることがとらえられる。同時に物語の伏線となる「おれと同じ,ひとりぼっちの兵十か」という擬人化された内心の独白は,兵十とごんの関係性を示している。読み手はごんの境遇に共感し,兵十の身に同情する。

また,第5場面では,読みを進める上で,ごんの言動を手がかりとして,心情や言動,行為の理由をとらえることができる。

  ごんは,「へえ,こいつはつまらないな。」と思いました。「おれがくりや松たけを持っていってやるのにもそのおれにはお礼を言わないで,神様にお礼を言うんじゃあ,おれはひきあわないなぁ。」

「ひきあわないなぁ」は小学4年には意味が難しい言葉であるので,文脈をとらえさせることによって,物語の中での言葉の働きを理解させることが大切である。

(3) 教材研究における語りの分析と多様な読みの問題

「ごんぎつね」は多様な読みに開かれたテクストであり,学習者相互の読みを交流させるといった動的な授業を展開できる可能性をもっている。しかし,このことは学習者相互はもとより,授業者と学習者が同じ地平に立っていることを意味している。学習者が自己の読みを披瀝するとき,テクストのどの箇所を根拠として読んでいるのかが読みを大きく左右する。テクストのどの部分が多様性を生むのか,テクストを分析する教材研究が必要になってくる。

その際，語りの構造や特徴を分析することは，多様な解釈を生む箇所を把握し，子どもの読みの多様性を予測することにつながる。

　学習者は語りの調子に引き寄せられて読み進めざるを得ない。比喩的に言えば，読み手と語り手は共犯関係に置かれる。「ごんぎつね」では，次の冒頭の一文によって，茂平というおじいさんの話を聞いた「わたし」という語り手が読者に語っていることがわかる。

　　　　これは，わたしが小さいときに，村の茂平というおじいさんから聞いたお話です。

　茂平は兵十から聞いたと推測される。つまり，学習者は口承によって語り伝えられてきた物語に立ち会うことになる。口承は語り伝えること自体に意味がある。一般論で言えば，村落共同体の中で伝承された動物と人間の物語は，長い時間の中で，たとえ脚色された虚構を多くはらんでいたとしても，既に冒頭の一文によって，読み手にはこれから語られることには何らかの意味が含まれていることが示唆されている。

　2文目の語りからは，語りが茂平の語りであるともとれる。学習者はあたかも語り手，あるいは茂平の傍らで話を聞いているような虚構の枠組の中に放り込まれる。冒頭の一文で学習者は読みの構えができることになる。

　しかし，語り手とはいっても，さまざまな水準がある。「ごんぎつね」にはさまざまな語り方が見られるが，語りをとりあげることへの懸念も指摘されている[2]。

　語りには，語り手が語る物語の局外（世界外の水準）と，作中人物が語る物語の局内（世界内の水準）がある[3]。「ごんぎつね」の語り手である「わたし」は，ごんや兵十に寄り添って語る場合と，ごんや兵十に寄り添わずに語る場合が見られる。語りにはこのような自在さがあるが，「ごんぎつね」では，このような語り方の違いが学習者の読みに影響を与える。学習者が語りに引き寄せられて読みをつくり出していくからである。

　「ごんぎつね」では，語り手の「わたし」は他者から聞いた話を語っている。冒頭の一文で語り手は物語の世界外の水準に位置しているが，語り手が茂平

であるとすれば，物語の世界内で語られているともとれる。また，常に一定の水準から語られるのではなく，場面の展開に即して語りの水準を変化させている。語り手は，物語世界の内外を往復することによって，物語を制御することもできる。だからこそ物語の中には語り手が読み手をだますしかけを仕込んでいるものもある。語り手は読み手を制御することが可能である。

　次の場面は，従来より視点の転換として読まれてきたものである。第6場面に至るまでほとんどがごんの視点で語られているため，学習者は語り方に引き寄せられ，ごんの視点に同化し，ごんに没入しながら読み進めてきている。しかし，第6場面の途中で，突然，学習者は俯瞰的な視点に追いやられる。

　　そのあくる日も、ごんは、くりを持って、兵十のうちへ出かけました。兵十は、物置でなわをなっていました。それで、ごんは、うちのうら口から、こっそり中へ入りました。
　　そのとき兵十は、ふと顔を上げました。と、きつねがうちの中へ入ったではありませんか。こないだ、うなぎをぬすみやがったあのごんぎつねめが、またいたずらをしに来たな。
　　「よおし。」
　　兵十は立ち上がって、なやにかけてある火なわじゅうを取って、火薬をつめました。そして、足音をしのばせて近よって、今、戸口を出ようとするごんを、ドンとうちました。

「そのとき兵十は、ふと顔をあげました」では，「ふと」という表現によって兵十に寄り添っている。続く「と，きつねが」という表現によって「ごん」は「きつね」という固有名を持たない一般名詞で語られている。ごんから兵十へと語り方が転換していることがとらえられる。

　さらに「こないだ、うなぎをぬすみやがったあのごんぎつねめが、またいたずらをしに来たな」という地の文で語られた兵十の内心の表現によって，読み手は兵十に寄り添わされる。語りの調子が兵十の独白調に転換したからといって，ごんに寄り添うように語られてきた語りを追ってきた学習者にと

っては，いきなり兵十の思いに同化して読むことはできないであろう。この場面では「兵十が勘違いをした」ととらえる学習者が見られることがあるが，これは地の文で語られた兵十の独白を兵十に寄り添わずに俯瞰的なものとしてとらえた読みと考えられる。

「ようし」を間に挟んだ直後の一文では，兵十の心中から離れて，兵十の動きを語っている。このたたみかけるように続く語りの転換こそが物語に緊迫感を与え，ごんの身に差し迫った死への危険を一気に加速させている。

以上のように，これまで第6場面の冒頭は視点が転換される場面として重要視されてきたが，学習者は語り手に制御されながら，物語の豊かな世界に没入しているとみることもできるのである。

(4) 読むことの異化効果
語りが学習者を立ち止まらせる場面が第6場面にはある。

　　　　兵十はかけよってきました。

ここでの語りはごんに寄り添って語られている。ごんがまだ生きていることを示唆している。兵十の視点で語られてきたところに差し込まれたこの一文は，ごんの視点による語りとしてとらえることができるが，一方，語り手がごんに近接した位置で語っているともとらえることができる。この一文は文脈にねじれを生じさせ，ここだけを明確に浮き上がらせる。読み手を一瞬立ち止まらせ，違和感を覚えさせる。ある意味での異化効果がもたらされている。

2　文学作品と主題の関連

(1) 主題という陥穽
教室での子どもたちの発言に引き寄せられて，主題に収斂（しゅうれん）させた読みを行うことがある。単元の終盤で主題について考えさせる場合は，読みの主体である子どもたちを置き去りにする危険性をはらんでいる。授業者は主題を考える段階に至ると，作品の本質や目の前の学習者が作品を読んでいることの

意味を見失い，思考停止に陥ってしまう場合がある。小学校の文学教材は道徳的なメッセージに収斂させたほうが授業の収まりがよい。たとえば，「ごんぎつね」の場合，断絶を主題とし，よりよい関係を築くためにはどのようなつきあい方が必要かという読みの観点を設定することができる。

　主題を教師の言葉で，あるいは指導書にあるような言葉で端的に語ったとしても意味はあまりない。学習者が読みを通してとらえたことを自らの言葉で表現できるように，授業者が学習者の気づきを促し，方向付けをしていくことが必要である。教室の中で教師にはいくつもの子どもの言葉を拾いながら，彼らが言わんとしていることを具体化していくことが求められる。子どもたちは時として言葉が足りなくて言わんとすることを言い尽くせない場合もある。しかし，授業者は我慢強く子どもたちの言葉に向き合い，徐々に学習者の言葉を明確な形にあらわしていく必要がある。もちろんすべての読みは許容できないであろう。たとえ教師が伝えようとしていた主題をあらわす言葉と子どもたちの言葉が同じであっても，子どもたち自身で気がついた，あるいは教師の促しによって気がついたものとでは雲泥の差がある。文学の読みの学習の終盤に置かれたまとめの読みは，効率とは無縁なものである。

(2) 物語のクライマックスから新たな読みをつくりだす

　「ごんぎつね」の語りが，そのほとんどにおいてごんに寄り添って語られているからこそ，次のような問いを子どもたちに投げかけることができる。

　　　兵十とごんはわかり合えたのだろうか。

　この問いはこれまでの多くの実践の中で積み重ねられてきた。この問いに答えるためには，学習者は兵十の立場に立ってごんへの思いを考えなければならない。学習者には物語の語りからいったん自由になり，発想の転換を迫る。ごんの視点を離れると，ごんの立場に立つだけでは見えなかったものが立ち現れるようになる。ごんと兵十が出会った箇所は次の1つしかない。

　　　うなぎは，キュッといって，ごんの首へまき付きました。そのとたん

兵十が、向こうから、
　　「うわあ、ぬすっとぎつねめ。」
　　とどなり立てました。

　兵十の思いを考えるうえでは手がかりにはならないが、第6場面の「こないだ、うなぎをぬすみやがったあのごんぎつねめが、また、いたずらをしに来たな」とは文脈がつながる。「神様が、おまえがたった一人になったのをあわれに思わっしゃって、いろんな物をめぐんでくださるんだよ」という加助の言葉に同意した兵十にとっては、ごんの行為に対して感謝の思いを持てた。
　しかし、ごんは「おれがくりや松たけを持っていってやるのに、そのおれにはお礼を言わないで、神様にお礼を言うんじゃあ、おれはひきあわないなぁ」と言いながらも、「ごんは、くりを持って、兵十のうちへ出かけ」たとある。その理由として、ごんが自分を兵十の境遇に重ね合わせたと読むことは可能である。この読みを根拠として、兵十とごんがわかり合えたと読むことができる。
　ここではごんの立場から兵十の理解度を読み取ったことになる。一方、兵十がごんを理解したかどうかは、次の兵十の言葉を手がかりにするしかない。

　　「ごん、おまいだったのか、いつも、くりをくれたのは。」
　　ごんは、ぐったりと目をつぶったまま、うなずきました。
　　兵十は、火縄じゅうをばたりと落としました。青いけむりが、まだつつ口から細く出ていました。

　「兵十は、火縄じゅうをばたりと落としました」と「青いけむりが、まだつつ口から細く出ていました」に着目したとしても、ひとりぼっちという点に同情しながら読んだ学習者は、兵十がごんを理解したととらえるだろう。一方、ごんと兵十の断絶に同情して読んだ学習者にとっては、わかり合えたという次元には至らなかったととらえるだろう。同じ表現を読んでも、読みが分かれる可能性をもっている。学習者の読みの枠組がどこにあるかによって、同じ表現を読んでも、とらえ方が分かれてしまうのである。

しかし，ここで注意しなければならないことがある。認知心理学の知見から明らかにされたように，学習者は読みの枠組を簡単には変えようとしないという点である。一度構築された読みは簡単には変更されない。すでに物語の語り方が学習者の読みを着々と準備しているのである[4]。

　主題に接近しようとするとき，学習者がどのような読みの枠組を構築しているのか，その可能性を見取らなければならない。動物対人間というコミュニケーションのむずかしさは，断絶と言ってさえよいものであるが，ひとりぼっちの者同士が出会わないという点において，両者はすでに断絶した関係になっている。この不幸な出来事の意味を子どもたちはどのような言葉で表現できるのか。同情なのか，絶望なのか，それとも新たな希望を見出すのか，教室ではていねいに初読者である子どもの言葉を拾っていく必要がある。

　教師にとっては安定教材と言われ，教科書の定番作品であり，教師の評価も高い。しかし，このような作品は注意が必要である。膨大な授業実践を通して，作品の読みも定まっている。このことは指導を作品主義に陥らせ，作品からとらえられることが限定的であるにもかかわらず，往々にして授業者が詳細な読みを追究し過ぎるあまり，子どもを受け身にし，主体性を奪ってしまうことがある。安定教材に塗り込められたこれまでの多様な読みを尊重しつつも，新たな視点でこの物語を読む必要がある。

　伝承物語として語られた物語を読むことに意味を見出す読みもある[5]。また，結局のところ，人間と動物は共棲していくことはできないかという問いも見えてくる。殺し殺されるという関係を乗り越えることはできないのか，ごんと兵十のそれぞれが生きる世界の論理同士が重なり合う可能性はなかったのかという問いは，切なさをとらえた子どもたちに投げかけられるだろう。さらに言えば，ごんの死によってコミュニケーションの機会は永遠に失われたが，兵十という生者が死者の思いをうけ負うことはできるはずである。死者の思いを理解するには，想像力が必要である。この物語に希望はまったくないのかといえば，子どもたちはけっしてそんな読み方はしない。生者は死者の思いをうけ負い，覚悟をもって生きることで希望を見出していくしかない。希望の物語として読むことはできるはずである。

　子どもたちを揺さぶり続け，長く読み継がれてきた安定教材であるが，現

代という時代に読むことの新たな意味を改めて見出すことが求められている。

3 読書につながる言語活動

(1) 読書指導と読解指導

　国語科の読書指導の方法には,「読書指導を主とする単元」と「読解指導を主としながら読書指導も意図する単元」がある。「読書単元」を導入するのは工夫次第であるが, 時間的にはむずかしい。そこで授業の中に, 読書力の育成にも有用な読解指導の指導方法を取り入れることが望ましい。

　倉沢栄吉は読書を「生活目的にかなった行為」と位置付け,「創造的機能を果たすべく, 社会から要請されている」とし, 読書を教育の場に取り入れる場合は,「どうしても単元の問題に帰着せざるを得ない」とした[6]。倉沢は読書指導と読解指導の違いについて図表8-1のように整理している。倉沢が読解指導の特徴として挙げたなかでも「文章⇔意味との対応関係を正しく把握する技能」を身につけさせる指導は読書につながるものである。

図表8-1

読書指導	読解指導
○読む前に生活上の目的がある。目的にかなった生活処理で読みが完了する。	○読解の能力をつけるために読み, よみとり方がわかったことで読みが完了する。
○複数の資料が必要となる。目あて, 処理の意図によって資料の価値が変わる。	○単一の資料を固定的におさえ, 文章の論理や美が, 資料価値である。
○内容価値を問題とし, したがって教科のわくを越えようとする。	○表現の論理や美を微視的にとらえていく。教科性に忠実。
○人間形成という本質的な教育目的をねらう。	○文章⇔意味との対応関係を正しく把握する技能をねらう。
○教科書教材にとどまらず, 多資料を発掘活用する。	○教科書教材のみに集中する。
○作品の生産過程に目をつけ, 筆者や表現意図を相手にする。	○表現に集中し, 文の展開を追求する。
○直感・総合的にみつめる力をつける。すなわち, 拡散的な読みとなる。	○分析・知的・論理的能力をねらっていく。つまり集約的な読みである。

(2) 読書に生きる言語活動

　これまでの国語科の授業における発問は一問一答式の小さな問いが多かった。いわば部分を問う問いである。しかし，読書指導の観点に立った場合は，倉沢があげた「作品の生産過程に目をつけ，筆者や表現意図を相手にする」読みを導入することが大切になる。よい意味で学習者の「直感・総合的にみつめる力をつける」ことができる。読書に生きるような問いとは，批判的な思考や創造的な思考を促す読みである。このような読みは，いわば大きな問いである。この問いを投げかけられた学習者は，必然的にテクストの部分はもとより，文脈を読み取らなければならなくなる。課題解決的な問いでもある。

　中学年の段階から，物語を読む際にも次の図表8-2「読書に生きる小説や物語の読みの指導」に示したような読みを取り入れることが大切である。この読みの指導では，批判的な読みや創造的な読みを促すことをねらいとしている。たとえば，「④登場人物の行為や行動を自分に置き換える」にある「登

図表8-2　読書に生きる小説や物語の読みの指導

読みの観点	具体的な言語活動	難易度
①初読と最終的な自己の読みを比較する。	ノートやワークシートを活用し，初読の「感想・印象・意見」と最終的な「意見・批評」を比較する。	C
②表現の効果を批評する。	具体的な描写を取りあげて，表現効果の優れた点を考えて評価する。	B
③ほかの表現を考える。	優れた描写やわかりにくい描写を取りあげ，ほかの表現を考えて書く。	A
④登場人物の行為や行動を自分に置き換える。	登場人物の行為や行動を取りあげて，自分ならどうするか考える。	C
⑤登場人物の行為や行動を批評する。	登場人物の行為や行動を取りあげて，根拠をあげて批評する。	B
⑥結末の妥当性を批評する。	この結末でいいのか，文脈に即して妥当性を評価する。	A
⑦文脈に即したほかの結末や続きを考える。	続きの物語を考えて，続きのあらすじを書いたり，作者に倣って続きの展開を書いたりする。	C

（＊難易度　A：むずかしい　B：ややむずかしい　C：やさしい）

場人物の行為や行動を取りあげて, 自分ならどうするか考える」は批判的な読みを促すのための言語活動である。また,「⑦文脈に即したほかの結末や続きを考える」にある「続きの物語を考えて, 続きのあらすじを書いたり, 作者に倣って続きの展開を書いたりする」は創造的な読みを促すための言語活動である。テクストを理解するための読みの方法に自覚的な「自立した読者」[7]を育てることをねらいとしたものである。国語科の授業を通して, そのような読み手を育てることが読書に生きる指導にほかならない。

確認問題

1 第3学年, 第4学年の文学教材を1つとりあげ, その教材について, 語りの特徴や構造について分析しよう。
2 「1」でとりあげた文学教材について, 自分なりの分析をまとめ, どのような主題が考えられるかを検討しよう。
3 「1」でとりあげた文学教材について,「図表8-2 読書に生きる小説や物語の読みの指導」を参考にして, 具体的な言語活動を示そう。

注・引用文献
1) 浜本純逸は, 教室で文学を読む意義として, まず,「文学を読んで感動体験を成立させること」をあげている。これは「日常の中の『ほんとう(真実)を見る目』を育て,「自己と自己を取りまく現実を批判的に見る目は, 自己の生き方への構想力となり, 未来への想像力」となると述べた。また,「文学の方法を習得させること」をあげ, その方法として「一義的な概念では捉えがたいもの」を「多義的なテキスト」から捉えること, 読みの観点を理解すること, 創作をすることを示した。さらに,「文学的認識力を育てること」をあげた。文学的認識の方法として「直感や想像による『比喩・イメージ・対比・反復・描写・象徴』」を示し,「時と場に応じてこのような表現方法を使いこなせるようになると, 子どもたちは, 自己の感じたものや思想を表現できるようになり, 生活認識の方法に転化する」と述べ, 文学認識力の重要性を指摘した。このように浜本は虚構の世界がもつ現実の異化作用がもたらす「自己と自己を取りまく状況を批評する力」となる点に文学の意義を見出している(浜本純逸「序章文学の授業デザインのために──小学校高学年の授業と単元学習」浜本純逸監修『文学の授業づくりハンドブック──授業実践史をふまえて』第3巻「小学校・高学年編/単元学習編」pp. 3-19)。
2) 授業で語りを扱うことへの批判も見られる。テキストを相対化することにより, ごんと学習者の間に距離が生じることを懸念する立場であると考えられる。ごんの心情や言動, 行為の意味をとらえるためには, 学習者が想像力を働かせて, ごんに自己を重ね合わせることが必要で

あるが，教材研究では，語りの違いを分析し，学習者の多様な読みが生じる結節点を想定することは有効な手立てになる。
3) 松本修「文学教材の〈語り〉の分析について」『上越教育大学研究紀要』第17巻第1号，pp.147-159，1997年
4) 小林好和は，学習者の「ごんぎつね」の理解では，「つぐないテーマ」，「共感テーマ」，「同情テーマ」にもとづいた読みが成立しており，その理解は簡単には変わらないことを立証した。(小林好和「授業場面における理解過程に関する研究(Ⅲ)——社会的相互作用における物語の理解構造変換の可能性」『札幌学院大学人文学会紀要』第58号，pp.37-67ほか小林の一連の論考による)
5) 田中実は伝承されてきた物語である点に教材価値を見出している。田中実「小学校国語教材を読んで——『ごんぎつね』と『きつねのおきゃくさま』」語り合う文学教育の会における2010年度夏合宿の講演記録として同会のウェブサイトに掲載された。http://homepage3.nifty.com/katariaukai/tanaka.pdf(閲覧日 2014年6月27日)
6) 倉沢栄吉「読解指導の原理」『国語教育誌』創刊号，1971年初出，『国語教育基本論文集成第18巻』明治図書出版刊，1993～1994年，pp.126-137
7) 山元隆春は「自立した読者」を育てることを重視し，「自立した読者」について考えるうえで「理解のための方法」という概念をとりあげ，次のように述べた。

　　　子ども読者における「理解のための方法」概念の成立は，子どもの内部におけるもう一つの自己の成立と密接にかかわることなのです。のみならず，読むという営みにおいて諸々の「理解のための方法」に対する自覚を促すということは，子どもに他者を認識していくまなざしを育て，そのための手がかりと手続きを獲得させることにつながります。
(山元隆春『読者反応を核とした「読解力」育成の足場づくり』渓水社刊，2014年，p.203)

より深く学習するための参考文献

・斎藤卓志『素顔の新美南吉——避けられない死を前に』風媒社，2013年
・児童言語研究会編『豊かな読みを子どもたちに——小学国語 文学・説明文の授業 5年』子どもの未来社，2014年
・田近洵一編集『文学の教材研究—"読み"のおもしろさを掘り起こす』教育出版，2014年
・田中実・須貝千里編『文学の力×教材の力』小学校編1～6年，教育出版，2001年
・鶴田清司『なぜ日本人は「ごんぎつね」に惹かれるのか——小学校国語教科書の長寿作品を読み返す』明拓出版，2005年
・畑中章宏『ごん狐はなぜ撃ち殺されたのか——新美南吉の小さな世界』晶文社，2013年
・浜本純逸監修『文学の授業づくりハンドブック——授業実践史をふまえて』第3巻「小学校・高学年編/単元学習編」渓水社，2010年
・府川源一郎『「ごんぎつね」をめぐる謎——子ども・文学・教科書』教育出版，2000年
・保坂重政・遠山光嗣監修『新美南吉 「ごんぎつね」「手袋を買いに」そして「でんでんむしのかなしみ」——悲哀と愛の童話作家』別冊太陽「日本のこころ210」平凡社，2013年

第9章

読むこと・文学(3)

　第5学年および第6学年〔C読むこと〕のうち，文学的な文章の解釈に関する指導事項には，「登場人物の相互関係や心情，場面についての描写をとらえ」ることがあげられている。また，「優れた叙述について自分の考えをまとめること」があげられている。したがって，教材研究では，学習者の読みの方法を考え，学習者が教室という相互作用的な場でどのような読みをするかを想定しつつ，学習者が主体的に自己の読みをまとめられるような手立てを構想することが必要である。

　また，このほかに「読むこと」の共通の指導事項に「オ　本や文章を読んで考えたことを発表し合い，自分の考えを広げたり深めたりすること」が，あげられている。「本や文章」とあるように，国語科における読書指導が重視されている。この指導事項では，感想文集や読書発表会などで自分の考えをまとめたり発表し合ったりする言語活動に見られるように，交流活動を重視している。

　さらに，「イ　目的に応じて，本や文章を比べて読む」ことがあげられていることからも，教科書教材に留まらず，関連した作品に視野を広げて，学習者の読書生活に資する学習が構想される必要がある。読書行為は教室の中だけにとどまるものではない。学習者の言語生活を豊かにしていくためには，このことも視野に入れた教材研究を行うことが大切である。

> **キーワード**
>
> 場面　相互関係　心情　描写　語り　交流　並行読書

1　学習指導要領における「読むこと」の指導事項

　第5学年および第6学年〔C読むこと〕のうち，文学的な文章の解釈に関する指導事項として，(2)内容の①指導事項の(1)のエに，次のように述べられている。

　　　登場人物の相互関係や心情，場面についての描写をとらえ，優れた叙述について自分の考えをまとめること。

「小学校学習指導要領解説国語編」(2008年8月)では，この内容について次のように解説している。

　　　物語などの文学的文章では，登場人物が相互に絡み合って展開していく。まずは登場人物同士の関係を把握した上で，出来事の展開を読み取ってゆく必要がある。従って「登場人物の相互関係や心情，場面についての描写をとらえ」るとは，出来事を展開させてゆくときの中心だけではなく，周縁の登場人物について，相互関係をとらえ，心情や場面の描写をとらえることが大切である。

さらに，高学年の特徴では次のように解説している。

　　　高学年では，登場人物の相互関係から人物像やその役割をとらえ，そのことによって，内面にある深い心情も合わせてとらえることにつないでいく。

また，高学年の指導事項については次のように解説している。

　　　　登場人物の心情は，直接的に描写されている場合もあるが，登場人物
　　　相互の関係に基づいた行動や会話，情景などを通して暗示的に表現され
　　　ている場合もある。

　このように登場人物相互の関係性を読み取るだけではなく，文学表現に特有の暗示的な表現からも心情に接近することが求められている。授業者は教材研究を通して，登場人物の心情表現について直接的描写か暗示的表現かをも見極めながら，学習者が心情を読み取るための手立てを講じなければならない。
　第5学年および第6学年においては，文学教材はこのような特性に着目した教材が取りあげられ，その趣旨に沿って学習指導が行われることになる。

2　登場人物の相互関係をとらえる
　　　――『海の命』の教材研究を通して

(1)『海の命』の指導目標
　実際に，立松和平による『海の命』[1]という文学教材を見てみよう。『海の命』は絵本『海のいのち』[2]を原典としている。
　この教材では，次のような指導目標が設定できる。

　　①登場人物の相互関係が主人公の考え方や生き方にどのような影響を与
　　　えたかを読み取ることができる。
　　②クエに関する比喩表現をとらえ，主人公のクエに対する心情を理解す
　　　ることができる。

　『海の命』の冒頭は，長い時間の流れの中に位置付けられて，主人公の太一という少年が紹介される。

　　　　父もその父も，その先ずっと顔も知らない父親たちが住んでいた海に，

太一もまた住んでいた。季節や時間の流れとともに変わる海のどんな表情でも、太一は好きだった。

　太古から続く永劫の時間のなかに今という物語の時間が置かれる。神話的な時間軸を語るなかに海という存在を浮かび上がらせ，自然の恵みのなかで生を営む人間という存在が対比されている。自然対人間という物語の舞台が暗示されている。この書き出しの印象は学習者に問う価値はある。
　太一はもぐり漁師の父に憧れて漁師を志す。父は大魚と闘った末に亡くなった。太一は与吉じいさの弟子になって数年後，与吉じいさも亡くなる。やがて「あらしさえもはね返す屈強な若者になっていた」太一は，母親の心配をよそに父親の死んだ瀬に向かう。そして，太一はとうとう追い求めてきた大魚に出会う。しかし，太一は「瀬の主」を殺すことはなかった。
　登場人物は，「父（おとう）」「与吉じいさ」「母」である。物語は①父親への憧れ，②与吉じいさへの弟子入り，③与吉じいさとの死別，④母親との関係，⑤大魚との出会い，⑥太一のその後の人生という全部で6つの場面から構成されている。しかし，どの場面でも太一と登場人物との関わりは断片的であり，簡潔に述べられるだけである。たとえば書き出しでは，父との関係が次のように簡潔に語られる。

　　「ぼくは漁師になる。おとうといっしょに海に出るんだ。」
　　子どものころから，太一はこう言ってはばからなかった。

太一が父の仕事に憧れる理由もまた直接的には語られない。

　　潮の流れが速くて，だれももぐれない瀬に，たった一人でもぐっては，岩かげにひそむクエをついてきた。二メートルもある大物をしとめても，父はじまんすることもなく言うのだった。
　　「海のめぐみだからなぁ。」
　　不漁の日が十日続いても，父は少しも変わらなかった。

(2) 暗示的な表現をとらえる

　この物語では太一と父との直接的な関わりを描いた表現がないため，父親の漁師としての技能の高さや不漁にも動じないようすなどに触れた箇所を読み取ることを通して，太一の父親への思いを想像しなければならない。

　しかも，「海のめぐみだからなぁ」という父親が発した言葉が意味することは，この箇所ではまだとらえることはできない。物語のクライマックスに向けての伏線になっているためである。この箇所を読むだけでは暗示的な表現という理解にとどめられている。しかし，この言葉は第5場面に至ると，太一が大魚をしとめるのをやめた理由を理解するための手がかりとなる。冒頭でこの言葉の意味する内容が地の文でも語られていないのは，物語の仕掛けになっているためである。

　このように，語られるべき主人公の内面が語られていないため，学習者が登場人物相互の関係性を読み取るためには，語られなかったものを読み取る必要がある。この点がこの作品の難しさでもある。

　ほかの登場人物に比べて，与吉じいさの発した言葉は多い方である。与吉じいさの言葉を拾ってみると，次のようになる。

- 「わしも年じゃ。ずいぶん魚をとってきたが，もう魚を海に自然に遊ばせてやりたくなっとる」
- 「千びきに一ぴきでいいんだ。千びきいるうち一ぴきをつれば，ずっとこの海で生きていけるよ」

　与吉じいさの死を見送った太一の次の言葉は，太一が海をどのようにとらえているかを把握するための重要な言葉である。

- 「海に帰りましたか。与吉じいさ，心から感謝しております。おかげさまで僕も海で生きられます」

　太一が与吉を「海に帰った」と理解していることがわかる。
　このように，『海の命』では，登場人物同士の直接的なやりとりがほとんど

ないため，省略された人物相互の関係性を読み取るとともに，断片的な言葉から主人公の内面を想像することが必要になる。主人公の内面は語られず，言葉を発するのはほかの人物ばかりである。ほかの登場人物の内面も語られない。主人公とほかの人物との関係性は外面的・具体的であるにもかかわらず，主人公の語られない，内へ内へと収斂(しゅうれん)する内面を読み取ることが求められる教材である。

(3) 物語のクライマックスを読むための問い

　物語のクライマックスには物語のメッセージに接近するための重要な表現が置かれていることが多い。いわば物語の結節点であり，伏線の謎が明らかにされる。しかし，『海の命』では，学習者にとっては一筋縄ではいかない難解さを含む表現が見られるので注意が必要である。次の場面は，「この魚をとらなければ，本当の一人前の漁師にはなれないのだ」と，「泣きそうになりながら思」っていた太一にとって，大魚を捕るのを躊躇(ちゅうちょ)させた理由がとらえられる場面でもある。

　　「おとう，ここにおられたのですか。また会いに来ますから。」
　　こう思うことによって，太一は瀬の主を殺さないで済んだのだ。大魚はこの海の命だと思えた。

この場面に関して，次の２つの問いを設定することができる。

　①なぜ太一は大魚を殺さなかったのだろうか。
　②太一は「海の命」をどのように理解したのだろうか。

　「おとう，ここにおられたのですか」は，太一がクエに父の姿を重ね合わせる場面である。クエのような「海の命そのもの」から父は命を頂いて生きていたのであり，太一はそのことに実感をもって気づいたのである。父もクエもけっして敵対するような者同士ではなく，ともに同じ場所に生きていたのである。したがって，①の問いは，太一と与吉じいさと父親をつなぐ関係性

119

を読み取ることが求められている。その関係性は冒頭で父が語った「海のめぐみだからなぁ」に求められる。おとうが「海に帰った」という太一の理解は，与吉じいさの死への理解と同じ次元にある。

太一は「海に帰った」与吉じいさと父に対して，「海のめぐみ」を糧として海に生きた，あるいは海に生きる漁師として同じであることを確認するのである。太一が父親の考えを真に理解しようとした場面でもある。殺し殺されるという一方的な関係性は，太一個人の思いを離れて，普遍性へと還元されたのである。太一が偉大な父親を乗りこえるためには，「海のめぐみ」に生かされた人間が「海の命」の存在を理解しなければならなかった。父親という偉大な存在の介在が必要だったとも言える。

②の問いでは，父親も与吉じいさも大魚と同じように大切な「海の命」であるという読みをする学習者が少なくない。しかし，「こう思うことによって」という表現に着目し，太一の葛藤の内実を読み取る必要がある。大魚に殺された父親の死を乗りこえるためには，大魚をしとめて一人前の漁師になる必要があった。しかしそうであるにもかかわらず，大魚をしとめることを思いとどまった。その理由もまた，冒頭で父が発した「海のめぐみだからなぁ」に求められる。太一はまだ真に実感されたわけではないが，「海のめぐみ」への尊崇の念を感じ取ったに違いないのである。その躊躇にも似た思いが「こう思うことによって」から読み取ることができる。だからこそ，物語はこの場面で終わらず，あたかも冒頭の長い時間軸でとらえた書き出しのように，太一のその後の人生を語る[3]。太一は長い時間をかけて，「海のめぐみ」の意味を感じ取っていくことになるのである。

『海の命』の物語の読みでは，書き出しの場面と終わりの場面に暗示的に語られた表現「海のめぐみだからなぁ」と「海の命」という表現同士をつなぎ，そこに意味を見出すことが求められている。登場人物の関係性をとらえることを手がかりにして，文脈を読み取る力が求められている作品と言える。

(4) 優れた描写について自分の考えをまとめる

指導目標「②クエに関する比喩表現をとらえ，主人公のクエに対する心情を理解することができる」についての指導について考えてみよう。

『海の命』には比喩表現が多く見られる。『海の命』というタイトルもまた比喩表現であるが、この言葉の意味することに近づくためには、クエに関する比喩表現を手がかりとして、太一のクエに対する心情の変化を理解する必要がある。太一がクエを見つけたとき、クエは「刃物のような歯が並んだ灰色のくちびる」「岩そのものが魚のようだった」「ひとみは黒いしんじゅのよう」と表現されている。しかし、太一には「おだやかな目で太一を見つめている」と感じられる。

このわずかな時間の経過の中で語られたクエに関する比喩表現は擬人的であり、太一とクエの距離感が一気に解消されてゆく様子が描かれている。これらの描写をとらえて、学習者には太一がクエをどのように見たり感じたりしているかについて、自分の考えをまとめて、発表させたり書かせたりする学習が構想できる。

(5)『海の命』の問題点

太一と登場人物との関わりが断片的である点について、従来より批判が見られた。太一の性格描写、漁師としての父親の具体的な姿、与吉じいさと太一の関係、母の描写について、十分に表現されていないことが指摘されている[4]。

太一の性格描写の不足は、物語を理解するうえでの決定的な不足にはならない。また、漁師としての父親の具体的な描写は確かに不足ではあるが、これもほかの表現から推察することはできる。与吉じいさが語った「千びきに一ぴきでいいんだ」は、終わりでも出てくる極めて重要な言葉であるが、具体的な説明がないため、読みの根拠を示すことはむずかしい。しかし、文脈を読み取ることにより、海の命を崇拝するという意味を理解することは十分に可能である。また、むやみに資源として乱獲しないという現代的な意味に置き換えて読み取ることも可能である。

以上のことから、林が指摘したように、確かに教材としてのわかりやすさを欠いてはいる。暗示的、比喩的な表現が随所に見られるという点では、学習者にはけっしてたやすい教材ではあるまい。しかし、指導事項にも示されたように、高学年においては、文学教材の特性を踏まえた作品に出会う意義

はある。

　国語科の学習を読書生活に広げてゆくためにも，わかりやすさを目指して整えられた表現だけではなく，文学的な表現に彩られた作品にも出会うことは，中学生へのステップにもなるはずである。自己の生活や社会にも視野を広げて読めるような良質な物語と出会う必要がある。

3　内面にある深い心情をとらえる
──『カレーライス』の教材研究を通して

(1)『カレーライス』の語りと言語活動

　第6学年『カレーライス』(重松清)は，小学校学習指導要領解説国語編にある「高学年では，登場人物の相互関係から人物像やその役割をとらえ，そのことによって，内面にある深い心情も合わせてとらえることにつないでいく」ことを指導するためには適した教材である。

　思春期の少年を主人公とした小説では，周囲の人物との微妙な心情の揺れ動きを描いている。重松清はその代表的な書き手であるが，高校の教材に小学6年の少年を主人公にした『卒業ホームラン』がある。また，中学校の教材では椎名誠の『続　岳物語』や『アイスプラネット』が代表的な作品である。

　『カレーライス』は，語り手である「ぼく」と父親の相互関係を軸に物語が展開される。長い時間軸の中で語られた『海の命』とは異なり，家族内の出来事を中心に展開されるミニマムな物語であり，物語の世界は限定されている。かつてのように「ぼく」と「父親」の喧嘩を仲介する祖父母は存在しない。また，隣近所の人たちも出てはこない。両者を仲介する役は母親しかいない。この閉じられた家族関係こそが現代的であり，どの家族にも日常的に起こり得るという現実性を帯びた物語になっている。

　家族の言動や行動はすべて語り手である「ぼく」の視点から語られるため，学習者は語り手の「ぼく」に感情移入しやすくなっている。また，両親のようすも「ぼく」の視点から語られる。地の文の中で「ぼく」の心情が直接的に語られる箇所が多い。

ぼくも本当は、もう仲直りしちゃおうかな、と思っていたところだった。でも、先手を打たれたせいで、今さらあやまれなくなった。ここであやまると、いかにもお父さんにまるしこめられそうになったから――みたいで、そんなのいやだ。
「もしもうし、ひろしくうん、聞こえてますかあ。」
　お父さんはてのひらをメガホンの形にして言ったけど、ぼくがだまったままなので、今度はまたおっかない顔にもどって、
「いいかげんにしろ。」
とにらんできた。
　ぼくはかたをすぼめて、カレーを食べる。おいしくないのに、ぱくぱく、ぱくぱく、休まずに食べ続ける。
　自分でもこまってる。なんでだろう、と思ってる。今までなら、あっさり「ごめんなさい。」が言えたのに。もっとすなおに話せてたのに。特製カレーだって、三年生のころまでは、すごくおいしかったのに。

　父親との関係のなかで「ぼく」の心情が揺れ動くようすがはっきりとらえられる語り方になっている。
　また，父親の言動の意味について「ぼく」の心情からとらえる必要がある。主人公を語り手としているため，父親のようすは「ぼく」という語り手の視点からとらえなければならない。

　　ぼくは戸だなの別の場所から、お母さんが買い置きしているルウを出した。
「だって、ひろし、それ『中辛』だぞ。」
　意外そうに、半信半疑できいてくる。
　ああ、もう、これだよ。お父さんって、なあんにも分かってないんだから。
　あきれた。うんざりした。

　学習者は「ぼく」と父親との関係を踏まえ，「中辛」という象徴的な言葉の

もつ意味を手がかりにして，父親の発言に対する「ぼく」の心情をとらえることになる。

　　でも，
　「そうかあ，ひろしも『中辛』なのかあ，そうかそうか。」
　と，うれしそうに何度もうなずくお父さんを見ていると，なんだかこっちまでうれしくなってきた。

　父親への微妙な距離感から父親を受けとめる心情へと変わる。学習者には「なんだかこっちまでうれしくなってきた」理由を問うことができる場面である。物語のクライマックスとなる出来事の意味を考えるためには，文脈をとらえることが求められる。
　このような物語では，主人公の心情に自己の体験とのつながりを見出す学習が設定できる。しかし，中流幻想が崩壊した社会にあって，子どもたちはさまざまな家庭状況に置かれているため，典型的な家族の物語を読んで，自己の体験と関連づけた学習を行うには何らかの配慮が必要である。現実の家族は物語のように予定調和的には進まない。
　たとえば，「わかっていることを言われるのがいちばんいやなんだってことを，お父さんは分かっていない」に関連づけて学習者に考えさせる場合には，相手が必ずしも父親である必要はない。「わかっていることを言われるのがいちばんいやなんだってこと」に焦点を当てて考えさせればよい。物語の個別の状況設定の中から普遍的なものだけを取り出して考えさせることによって，どの子どもにとっても平等な読みの可能性が開かれるようになる。
　重松の作品には，さまざまな家族のありようを描いたものが多い。『カレーライス』では，物語の中で父親が演じる極端なようすは，穏やかそうな母親との関係の中で対比されている。もはやこのような夫婦の役割分担は，核家族の中で微妙な均衡を保ちつつも，何とか維持される古い家族関係のありようにほかならない。

(2) 読書への広がり

　国語科の学習指導要領では、(2)「内容」の②に「言語活動例」が例示されており、ある程度内容との関連が図られている。
　第5学年および第6学年の〔C読むこと〕の言語活動例には以下のような例が示されている。

　　エ　本を読んで推薦の文章を書くこと。

　この活動例は、指導事項にある「自分の考えを明確にしながら読んだりすること」「自分の考えを拡げたり深めたりすること」に関連している。
　これらの指導事項を具現化するためには、具体的な指導方法の工夫が必要である。
　教科書教材に関連させた読書指導では、学習後に関連する本を紹介する程度で終わらせてしまう場合が多い。教科書教材の読みを発展させるためには、関連した本の比べ読みをし、その後で2つの物語の共通点や違いについて話し合う言語活動を設定することによって、学習者の読みを深めることができる。たとえば、『カレーライス』の場合には、『あいつの年賀状』[5]（重松清）の比べ読みが適している。同じ作者の作品ということもあり、両者には共通点が見出せる。
　ほかには、読みの授業と並行して一人ひとりが関連する本を読む（並行読書）方法もある。たとえば、『海の命』では、単元の最初に、学校図書館の本の中から自然環境や生命に関する読み物を選んで紹介し、学習者が読みたい本を選ぶようにする。必ずしも物語に限定する必要はなく、科学的な読み物も含めてよい。読書には楽しみのための娯楽読書だけではなく、知るために読む情報読書もある。学習者は本を選び、教材の読みと並行して自ら選んだ本を読み進める。教材の読みが別の視点で深められる。単元の最後に、読んだ本を持ち寄って報告し合う言語活動を設定するとよい。
　国語の授業では、1つの作品を精読する学習が重視されており、読む量が足りない。教科書教材の精読は読みの方法を習得させることには適しているが、読書生活にはつながりにくい。したがって、比べ読みや並行読書は教室

の読みを読書生活につなげていくものとして機能する。

　国語科の学習では，学習者の読書生活の基盤をつくるという発想に立った指導が求められる。教科書教材の読みを通して醸成されてゆく興味や関心の高いうちに，関連した本を読むことは，読書の楽しさを実感させる点で効果があり，子どもの主体的な読書への契機になり得る。

> 確認問題

1　第5学年，第6学年の文学教材を1つとりあげ，その教材についての先行研究を2つ探して，教材の読みの違いを分析しよう。
2　「1」でとりあげた文学教材について，自分なりの分析をまとめ，どのような学習が可能か，どのような言語活動を行うことができるか，例示しよう。
3　文学教材を読む意義について，あなたの考えをまとめよう。

注・引用文献
1)　光村図書出版6年生用教科書「六　創造」の「9　物語を読んで，考えを深めよう」に『海の命』のタイトルで採録されている。また，東京書籍6年生用教科書では『海のいのち』のタイトルで採録されている。
2)　絵本『海のいのち』は1992(平成4)年にポプラ社より刊行された。絵は伊勢英子による。
3)　太一のその後の人生を語った場面について，光村図書版では次のような問いが設けられている。

　　　▼物語の最後に，「巨大なクエを岩の穴で見かけたのにもりを打たなかったことは，もちろん太一は生涯だれにも話さなかった。」とある。なぜ話さなかったのかについて，話し合おう。

4)　林廣親「作者の主旨の考察と読み手のテクストの読み」田中実・須貝千里編『文学の力×教材の力 小学校編　6年』教育出版，2001年
5)　『はじめての文学　重松清』(文藝春秋刊，2007年)所収。ほかに，『卒業ホームラン』『モッちん最後の日』『ウサギの日』『かたつむり疾走』『カレーライス』『タオル』『ライギョ』が収録されている。『はじめての文学』は，よしもとばなな，小川洋子，村上春樹，村上龍など現代作家のアンソロジーである。

より深く学習するための参考文献
・西郷竹彦責任編集『文芸教育』102号，新読書社，2013年
・西郷竹彦監修・佐々木智治著『文芸研の授業⑩／文芸教材編「海のいのち」の授業』明治図書出版，2005年
・児童言語研究会編『豊かな読みを子どもたちに ── 小学国語 文学・説明文の授業 6年』子どもの未来社，2014年
・田中実・須貝千里編著『文学の力×教材の力』小学校編1～6年　教育出版，2001年
・西田谷洋『学びのエクササイズ　文学理論』ひつじ書房，2014年
・浜本純逸監修『文学の授業づくりハンドブック ── 授業実践史をふまえて』第3巻「小学校・高学年編／単元学習編」渓水社，2010年
・向山洋一監修『「国語有名物語教材」の教材研究と研究授業の組み立て方』学芸未来社，2013年
・山本欣司「立松和平『海の命』を読む」『日本文学』54巻9号，日本文学協会，2005年

第10章

伝統的な言語文化

　2008（平成20）年告示の小学校学習指導要領，中学校学習指導要領，2009（平成21）年告示の高等学校学習指導要領に，「伝統的な言語文化」という新しいカテゴリーができた。古典に関する学習は小学校から高等学校まで一貫して，「継承されてきた」言語文化としての古典作品に言語活動を通して「親しむ」ことができるようにする学習として規定された。これまでの古典学習の実態とは大きく異なるもので，古典学習の再定義と再創造を意味するものと捉えるべきである。小学校における「親しむ」学習も，単なる「触れる」「楽しむ」ものではなく，やがて自覚的なrespectに到達すべき礎をなすものである必要がある。

　そのためには，教材研究において，改めて教材の持つ古典としての価値をどのように学習者の中から取りだし，どのように再び位置づけていくかという観点からの研究が必要である。また，言語活動をつくる際にも，その教材の本質的価値に到達することのできるような，探究的な課題となる問いをつくらなければならない。

キーワード

言語文化　親しむ　respect　言語活動　問い

1 「伝統的な言語文化」の新設

(1) 学習指導要領における位置づけ

2008(平成20)年告示の「小学校学習指導要領」「中学校学習指導要領」、2009(平成21)年告示の「高等学校学習指導要領」に、「伝統的な言語文化」という新しいカテゴリーができた。これは、2008年1月の中央教育審議会による学習指導要領等の改善にかかる答申の次の内容を踏まえたものである。

　〔言語文化と国語の特質に関する事項〕を設け、我が国の言語文化に親しむ態度を育てたり、国語の役割や特質についての理解を深めたり、豊かな言語感覚を養ったりするための内容を示す。

　古典の指導については、我が国の言語文化を享受し継承・発展させるため、生涯にわたって古典に親しむ態度を育成する指導を重視する。

　教材については、我が国において継承されてきた言語文化に親しむことができるよう、長く読まれている古典や近代以降の作品などを、子どもたちの発達の段階に応じて取り上げるようにする。

　〔言語文化と国語の特質に関する事項〕では、物語や詩歌などを読んだり、書き換えたり、演じたりすることを通して、言語文化に親しむ態度を育成することを重視する。

　教材については、我が国において継承されてきた言語文化に親しむことができるよう、長く親しまれている和歌・物語・俳諧、漢詩・漢文などの古典や、物語、詩、伝記、民話などの近代以降の作品を取り上げるようにする。

中教審の答申において、教材のジャンルや学習方法についてもかなり踏み込んだ記述がなされている。これを受けて、これまで小学校段階では明確に

は位置づけられていなかった古典作品が学年ごとに教材として取りあげられるようになった。以下の内容である。

 第1学年及び第2学年
  （ア）昔話や神話・伝承などの本や文章の読み聞かせを聞いたり，発表し合ったりすること。
 第3学年及び第4学年
  （ア）易しい文語調の短歌や俳句について，情景を思い浮かべたり，リズムを感じ取りながら音読や暗唱をしたりすること。
  （イ）長い間使われてきたことわざや慣用句，故事成語などの意味を知り，使うこと。
 第5学年及び第6学年
  （ア）親しみやすい古文や漢文，近代以降の文語調の文章について，内容の大体を知り，音読すること。
  （イ）古典について解説した文章を読み，昔の人のものの見方や感じ方を知ること。

 ちなみに中学校・高等学校における「古典」も同じく「伝統的な言語文化」という枠組みに位置づけられ，言語活動を通して学習を進めることが明記されている。つまり，古典に関する学習は小学校から高等学校まで一貫して，「継承されてきた」言語文化としての古典作品に言語活動を通して「親しむ」ことができるようにする学習として規定されたのである。これはこれまでの中学校・高等学校における古典学習の慣習化された実態とは大きく異なるもので，古典学習の再定義と再創造を意味するものと捉えるべきである。

（2）親しむということ

 竹村信治は，中学校学習指導要領において「古典」の「内容」が，学年段階を追って「触れる」「楽しむ」「親しむ」となっていることに着目し，瀬戸内寂聴と山田詠美の恋愛にかかわる対談を引用して次のような説明を試みている[1]。

「触れる」「楽しむ」は２年間しか続かない「恋愛感情」。そこで生まれる「情熱」が「尊敬」へと接続されないかぎり関係は「家族愛」「友情」，すなわち「親しむ」には変換されない。「触れる」「楽しむ」学習活動によって芽生えた「古典が好き」の「情熱」は，古典世界へのrespectに媒介されてこそ「親しむ」へと変換され，「家族愛」「友情」にも似た古典世界との関係，つまりは身近な慕わしき（古語「なつかし」の心状）を生成するというわけだ。

　そして，respectを欠いている古典学習の現状を批判し，中学校における古典学習の究極の目標はrespectの育成にあるとしている。しかしまたそのrespectは，有名な古典だから大切にしなさいというようなカノン化のなかでア・プリオリに要請されるものとは異なり，学習者自身が主体的にテクストに見いだしていくものであるとしている。これは硬直化した古典学習を再生するキーワードとして，「親しむ」の実質を捉え直していこうという考え方であり，古典学習の本来の姿を求める国語教育関係者の共通した願いに理論的基盤を与えたものといえる。
　一方，小学校学習指導要領では，各学年に神話や短歌・俳句などのジャンルが明示されたことばかりが目立ち，その内容をどう捉えるべきかは，わずかに「指導計画の作成と内容の取扱い」において「イ　伝統的な言語文化に関する指導については，各学年で行い，古典に親しめるよう配慮すること」と示されているにすぎない。
　しかし，今回の学習指導要領改訂において，「古典の重視」がわざわざ「伝統的な言語文化」という新しい名の下に置かれた理由は，単なる読みの１ジャンルとして取りあげるのではなく，まさに言語活動を含めた古典学習の再生をねらったところにあると見るべきである。そのためには，小学校における「親しむ」学習も，単なる「触れる」「楽しむ」ものではなく，やがて自覚的なrespectに到達すべき礎をなすものである必要がある。竹村の言う原理は小学校でも同じである。
　新しい「伝統的な言語文化」の学習が始まっている現在，その学習を成立

させるに必要な条件を改めて考えておくことが重要な課題である。

2　古典教材の読み方と教材化

(1) 古典に親しむということ

　「古典」とは，私たち日本語を母語とする人々の言語とそれと相通じた感性・認識の根底を支えるテクストである。私たちはたとえば，「海と山の見える絵を描きなさい」と言われれば，何となく昔の銭湯の富士山のペンキ絵のようなものを描いてしまう。それは，何も銭湯の絵を覚えているからではない。そもそもなぜ銭湯にそのような絵が描かれたかといえば，それが典型的な日本的情景の一つだからであろう。砂浜に松林があり，その向こうになめらかな稜線の左右対称の火山が描かれたものを見れば，誰もが「海辺から見た富士山」だとわかる。実物を見たことはなくとも，さまざまなメディアを通じた文化的体験の蓄積から，それがわかるような感性・認識の構造があり，言語的知識の基礎づけがなされているのである。だから，「白砂青松」という言葉に出会い，「田子の浦にうち出でてみれば白妙の富士の高嶺に雪は降りつつ」（山部赤人）という歌に出会えば，その情景が親しみのあるものとして浮かぶのである。

　富士山は実際にある固有の山だから，その「古典」性が明確ではないかもしれないが，私たちが「花」といえば桜を思い浮かべ，「月」といえば秋の名月を想うのは，まさしく言語テクストとしての体験が文化的蓄積としてあるからにほかならない。言語的には個人的な蓄積がなくとも，間接的にはその体験が文化として取り込まれている。花見，月見の文化は，万葉・古今以来，花を愛で月を賞でてきた具体的な文学作品の重なりに支えられている。

　「万葉集」や「古今和歌集」に詠まれている情景が美しい情景として私たちに感受されるのは，文学の伝統のもとに典型化された風景観・自然観が私たちの中にすでに内在化されているからである。これが伝統的な言語文化である。「古典」はそのような内在化された言語文化を指している。

　したがって，「古典に親しむ」ことは，すでに内在化されている価値を呼び覚ますような学習体験によって可能になる。また，「伝統と文化に対する共感

的な理解」もそのなかで実現されるものであり，「伝統と文化」についての知識のたたき込みによって可能になるものではない。小学生に「白妙の」は枕詞であり，その機能はこうである，というようなことを教え込んでも仕方ないわけである。

（2）神話の教材的価値

古典作品の教材的価値は，教材研究によって常に新たに与え直されることになる。小学校低学年において「神話」が位置づけられ，事実上「古事記」「日本書紀」「風土記」が教材として取りあげられることになったが，これが太平洋戦争前の位置づけのまま教材になるわけではない。しかし一方，「因幡の白兎」や「八岐大蛇」の話などは，子どもも話としては知っている可能性がある。そうした「お話」「昔話」としての言語体験の蓄積が，私たちのなかでどう価値づけられているかというと，むしろギリシア神話のような外国の神話との類似性や『指輪物語』のようなファンタジーとの類縁性のなかに位置づけられている可能性がある。とするなら，「神話とは何か」というような問題を抱え込まない低学年段階での教材では，むしろ「お話」としての面白さに意味があるということになろう。神話的，伝承的なお話の一つとして，読んで楽しむことができればいいのである。これは，「今日において，私たちが八岐大蛇の話を読む価値」として再発見されるものである。

（3）百人一首の教材的価値

中学年では文語調の短歌が取りあげられている。この場合，真正面から古今集などを取りあげるよりは，かるた遊びで馴染みのある百人一首を教材とすることも多い。では，百人一首の教材的価値はどこにあるのだろうか。

「日本の名歌の集積だから」というようなことは理由にならない。藤原定家という歌人の新古今的和歌観によって選ばれた私的な性格を持つものであるし，選歌の方針なども十分には明らかになっていない。「かくとだにえやはいぶきのさしも草さしも知らじな燃ゆる思ひを」というような言葉としてはむずかしい技巧的な歌が多いし，「人も惜し人も恨めしあぢきなく世を思ふゆゑにもの思ふ身は」というように複雑な心理を歌ったものも多く，小学生の学

習にすべてが向いているとは言えない。

　「歌がるたとして親しまれており，人口に膾炙(かいしゃ)しているから」も答えにはなるまい。歌がるたの遊技性は，言葉の教材としての価値には直結しないし，まして「競技かるた」は学習とは一線を画するものである。「覚えていると楽しいから」「ゲームに勝てるから」というのは学習とは関係ないもので，そこでは「読み」も「古典的価値」も二の次である。

　すでに述べたように，「日本的風景（観）」あるいは「日本的季節感」という観点から，その教材的価値を再発見するというのが一つの方向である。百人一首には，心情のみが歌われたものも多いが，実景そのものを歌ったり，実景を前提として歌の世界がなりたっているものも多い。そうした歌を選んで，叙景歌の選集を作り，それを中心に学習を構想するということも可能である。「田子の浦に」の歌を教材とすれば，白砂青松の海辺と富士山という典型的な「風景」に出会うことができる。「田子の浦ゆうち出でて見ればましろにぞ富士の高嶺に雪はふりける」との比較や，田子の浦の位置が現在と違うことなどは，中学校以降での学習でいいだろう。もちろん，思い浮かべた風景が，富士山がぱっとひらけて見えた風景であったりする学習者がいて，その違いが問題になれば，「ふりつつ」と「ふりける」の違いなども取りあげることはできるかもしれないし，歌の認識主体の位置関係も問題になるかもしれない。「大江山いくのの道の遠ければまだふみもみず天の橋立」などは技巧の歌ではあるが，名所名跡と歌枕との関係なども興味深いものである。百人一首に詠まれた名所を見つけてマップにするというような学習も可能であろう。また，風景の絵を描いた情景歌のかるたを作って，かるた取りをするというような活動もできる。風景を考えることが学習内容を構成する。ともかく，何らかの観点があり，そこから古典を主体的に捉え直すことができれば，教材化できる可能性が生まれるわけである。

3　古典における言語活動

（1）俳句の学習における問い

　言語活動は，読みの教材においては，その教材の本質に迫るための探究的

な課題がないと成立しない。具体的に言えば，問いが大切である。小林一茶の俳句を教材にした授業の例を見てみよう。

第3学年を対象とした「『本歌取り』でmy俳句＆短歌をつくろう」という単元である。

俳句教材として，小林一茶の句「雪とけて村いっぱいの子どもかな」が取りあげられている。作品の読みから，作品の一部を生かした創作活動を行い，その作品を交流し感想を述べ合うというデザインである。

> 活動１：教材「雪とけて村いっぱいの子どもかな」を提示し，気づいたこと，知っていることを問う。
> 　　教材を提示し，音読させる。その上で，気付いたことや知っていることを問う。子どもは，生活経験や読書経験を想起し，この作品が「俳句」であること，俳句が五・七・五の音律でできていること，常に季語を伴うことなどを発表する。子どもは，「俳句」という韻文の形式を知り，興味・関心をもつ。
> 活動２：「雪とけて」を生かして，続きを創作する課題を提示し，俳句をつくらせる。
> 　　上五「雪とけて」だけを提示し，続きの中七，下五を創作する課題を提示する。子どもは，「どのようにしたら，俳句を作れるだろう」と問いを明確化して考え始める。「雪がとけて，〇〇をしたら，こんな風に感じるだろうな」と考え，その内容を表す言葉を色々と想起し，その中から適切な言葉を選択して，俳句を創作する。
> 活動３：作品を発表し合い，感想を交流させる。
> 　　完成した俳句を発表させ，感想を相互に交流させる。子どもは，自分の作品を音読したり，友達の作品の音読を聞いたりすることを通して，「五・七・五」という音律の独特の響きや調子を感じ取り，味わう。

さて，子どもが作った俳句作品には次のようなものがあった。

　雪とけて外で楽しくスポーツだ

雪とけて自転車乗りが楽しいな
　　　雪とけて楽しく遊ぶすべりだい

　いずれも,「楽しい」「悲しい」という感情語がむきだしで使われており,俳句の表現における「対象を切り取って,最小限の言葉で感興を再現する」というような省略と象徴の美学が生きていない。
　一方,次のような作品もあった。

　　　雪とけて寝っ転がったら顔に泥
　　　雪とけて寒さも終わる冬終わる

　形としては整った感じではないが,雪解けを喜ぶ雪国の子どもの心が表れている。前者は,出来事としての対象を切り取ることで象徴的に子どもの喜びが表現されており,後者は,繰り返しによって,雪に閉ざされていた間の思いが,修辞的に表現されている。少なくとも感情語がむきだしになっていないだけに,詩的な表現に近づいている。
　子どもたちの創作俳句は「古典」ではない。また,一茶の句に出発したからそれだけで伝統的な言語文化としての価値が保証されるというものでもない。一茶の句を出発点に伝統的な言語文化としての価値を見いだし,創作を通じてそれを表現することで,学習における古典の価値,伝統的な言語文化の価値が学習者自身によって発見されていくことがrespectの基礎を形成することにつながるはずである。
　問題は,俳句という表現形式の価値に,読みの段階で学習者が気づくことができたかという点である。
　「働き掛け1」では,次のようなやりとりがなされている。

　　　Ｔ：こういうの知ってる？
　　　ＫＹ：ごしちご。
　　　Ｔ：ごしちご？　ＫＹさん,五七五ってなに。
　　　ＫＹ：たとえばえっと「柿食えば鐘が鳴るなり法隆寺」とか,最初に,5

文字のやつを、が来て、で7文字、5文字という文を作る？
T：という文を作るのが
KY：それがごしちご

TA：季節の言葉とか，そういうの使ってる。
（板書：「季節の言葉」）
T：えっと川柳にも季節の言葉出てくるのあるんだけど、俳句はね、必ず季節の言葉入れるんだよっていうルールがあります。季節の言葉を入れて、KYさんが言ったみたいに、五七五で作るのが、俳句というものです。何となくわかる？

　ここで学習者が共通理解したのは，「俳句は575の音数律でなりたっている」「川柳と俳句は似ている」「俳句には季節を表す言葉が入っている」ということであろう。これは形式的な俳句の特徴である。俳句が何を表現するものか，ジャンルとしての特性は何かという本質には届かない段階であろう。
　学習者が雪国の子どもであることもあり，雪がとけて春になると，できなかったいろいろな外遊びができるということを想起して発表しており，授業者の狙いは達成されている。ただ，その子どもの生活経験が，俳句という表現形式の価値につながらなかったのではないか。つまり，活動1と活動2が有機的につながらなかったのではないかと考えられる。「作者の気持ち」を想像するだけでは，俳句という表現形式の価値にまでは届かない。ここには何らかの工夫が必要である。

（2）探究的な課題となる問い
　たとえば，次のような指導過程が最初にあったらどうだろうか。

　　次の2つの句を比較し，一茶の句の良い点を考えて発表しましょう。
　　また，互いの考えを交流し合いましょう。
　　A　雪とけて村いっぱいの子どもかな
　　B　雪とけて遊ぶこどもら楽しそう

「楽しそう」と直截に感情や印象を言葉にするのではなく，「村いっぱいの子ども」という情景の描写（誇張はあろうが）にとどめるところに文芸としての俳句の特質があり，さらに言うなら，それによって読み手に表現の解釈をゆだねるところに俳句の芸術的な自立があった。学習者がこのことに気づけば，最後の互いの作品の交流の過程も，「どちらがより優れているか」という比較を行う観点が生まれ，より本質的な「言語活動」に近づく。

難波博孝（2010年）は，国語科における基本的指導過程が「探究」から「習得」「活用」という順序になるということを主張し，次のように述べている[2]。

　　　国語科がやるべきことは，既に身に付いてしまっている「日本語」をまずはふりかえらせることです。ふりかえらざるをえない／ふりかえりたくなる言語活動の中で，自分（たち）の日本語をふりかえり，体験から学んだだけできっと混沌としているであろう日本語（の知識や技能）を整理させ，足りないところは補い合い，新しい場面でより的確に対応できるように日本語を組み替えていくのです。

　　　授業において「探究」を生み出すのが言語活動です。ですから，国語科の基本的な流れは，言語活動によって，子どもたち自身の日本語を「探究」することから始めなくてはいけません。そして，見えてきた日本語を整理するための手段としての知識を習得し，それを使って新しい状況に活用させていくのです。

伝統的な日本文化の学習において，respectの礎となるような読みを生むアプローチとはまさに「探究」を生み出す言語活動をつくることによって，自らの日本語と自らの中の教材にかかわる言語的経験とを振り返らせることである。

4　俳句・短歌の音読指導

日本語の韻文の5音7音のリズムはよく知られているが，教室における音

読ではしばしばそのリズムに合っていない読み方に出会う。次のような原理があるので気をつけたい。

　たとえば,「嵐吹く三室の山のもみぢ葉は竜田の川の錦なりけり」を小学生に音読させると,「あらしふくーみむろのやまのーもみじばはーたつたのかわのーにしきーなりけり」と読んでしまうことが多い。「にしきーなりけり」では日本語の4拍子8拍のリズムを理解していないことになる。ここは1拍やすんで「・にしきなりけり」と読まなくてはならない。図示すると次のようになる。

　　あらしふく・・・　みむろのやまの・　もみじばは・・・
　　○○○○○○○○｜○○○○○○○○｜○○○○○○○○｜
　　たつたのかわの・　・にしきなりけり
　　○○○○○○○○｜○○○○○○○○
　　　　　　　　　×にしきーなりけり

　日本語は基本的に4拍子のリズムを持っており,伝統的な韻文はそのリズムにのっとって作られている[3]。4拍子のまとまりにどのように音と休拍が入るかということは,日本語母語者の場合には長年の間に自然に判断できるようになっている。したがって,言語直観に基づいて読めば「自然に」読めるわけで,朗読なら朗読に相応しい表現意識をもって表現行為にのせていくことになる。

　しかし,子どもは,まだ十分にそのような日本語のリズムが内在化されていない場合がある。とくに,小学校で「にしきーなりけり」のような読み方に慣れてしまうと,短歌ばかりではなく,日本語の韻文のリズムそのものが内在化されないことにつながりかねない。

　古典は,私たちの言語・感性・認識を形作っているが,古典の言語体験はかつてに比べればはるかに少ないので,音数律は自動化されて体に入っているというところまではいっていない。手拍子やメトロノームを使って初めはきちんとしたリズムで繰り返し読むなど,学習として取りあげる際には教師の側がそれを補う細かな手だてを考える必要がある。

> 確認問題

1 教科書の古典単元を1つ取りあげ,その教材がどのような形で「親しむ」活動をつくっているのか,説明しよう。
2 「枕草子」第1段を教材として自分ならどういう問いをつくるか,考えよう。なぜそれが「枕草子」に親しむ学習になるのか,説明しよう。
3 中学校学習指導要領の伝統的な言語文化の規定と高等学校学習指導要領の伝統的な言語文化の規定とを調べ,小学校との共通点と相違点を整理しよう。

引用文献・より深く学習するための参考文献
1) 竹村信治「古典の読解力」『中学校国語指導シリーズ 充実した読解力養成のために』学校図書,2011年,pp.17-24,引用はp.21
  瀬戸内寂聴と山田詠美の対談は,瀬戸内寂聴・山田詠美『小説家の内緒話』中公文庫,2005年
2) 難波博孝「『探究』から『習得』『活用』へ ——『習得から活用へ』という呪縛から逃れよ」『教育科学国語教育』No.721(2010年4月号),明治図書出版,pp.11,12
3) 松本修「短歌教材の朗読指導」『月刊国語教育研究』No.320(1998年12月号),日本国語教育学会,pp.42-47
  坂野信彦『七五調の謎をとく 日本語リズム原論』大修館書店,1996年

第11章

日本語の特質（文字）

　「伝統的な言語文化」の学習は、「温故知新」の学習である。
　低学年・中学年・高学年の「伝統的な言語文化」としての教材からは、言葉の響きやリズムを味わい、日本語の豊かさにふれることができる。さらには、先人のものの見方や感じ方にもふれることができる。
　「文字」。ここにも先人のものの見方や感じ方、さらには知恵が凝縮されている。「打つ文字」の時代になりつつある現在だからこそ、コミュニケーション手段としての文字の存在の再認識が必要である。そこで、文字そのものが文化であり、文字を手書きすることが文化を享受し、継承していることであるということを学ぶ。

キーワード
　　　文字を手書きする　筆順　六書　縦書きと横書き

1　「文字に関する事項」

(1) 学習指導要領における位置づけ
　現行の「小学校学習指導要領」（2008年告示）において、文字に関する事項は〔伝統的な言語文化と国語の特質に関する事項〕の「ウ　文字に関する事項」の中に記述されており、次の3つの事項に分けられている。

①仮名の読み書きや使い方に関する事項
②漢字の読み書きや使い方などに関する事項
③文字文化に関する事項

　さらに,「小学校学習指導要領解説国語編」では①の仮名の扱いについては,平仮名・片仮名を第2学年までに習得して,使うことや,第3学年においては簡単なローマ字を読んだり,ローマ字で表現することが記されている。
　②の「漢字」については後述する。
　③の文字文化については,中学年で「漢字のへん,つくりなどの構成についての知識を持つこと」や,高学年で「仮名及び漢字の由来・特質などについて理解すること」が記されている。

(2)「漢字を漸次書き,文や文章の中で使うこと」の意義と現実

　前述の文字に関する事項の区分②「漢字の読み書きや使い方などに関する事項」の扱いは,小学校学習指導要領解説国語編にあるように,どの学年でも「学年別配当漢字の読みはもちろん,漸次書き,文や文章の中で使うこと」とあり,実際の場で使用できることが最終目標であるととらえることができる。
　文字表現の手段として,表音文字である平仮名・片仮名,表意文字としての漢字のバランスの中で,私たちの生活は営まれている。「あめだ」という表現も「雨だ」の表記をもって共通の認識に至る。表意文字としての漢字のもつ利便性は小学校1年生のうちから体験させたいことである。
　学校現場でも家庭でも,コンピュータをはじめとする情報機器の普及と活用にはめざましいものがある。その結果,書く文字・書く文章から打つ文字・打つ文章へと大きくシフトしてきた。文字は,とりわけ漢字は,手書きしてこそ身につくものであることには異論はない。その観点からも,小学校現場ではこれまで以上に手書きすることにこだわっていかなければならないことになる。
　外山滋比古は著書『日本語のかたち』の中で次のように述べている。

　　コウガイという語は,口蓋,公害,郊外,校外,梗概,構外,慷慨と

七つもある。かなではどれをさすのかはっきりしなくなる。もし漢字をやめれば，このうち公害，郊外くらいを残してあとは自然消滅せざるを得ない。コウエンとなると口演，公苑，公園，公演，好演，宏遠，後援，香煙，高遠，講筵，講演こういうことばが存在するのも漢字のせいである[1]。

「漢字をやめる」とは，漸次書き，身につけ，使用していくことをやめることである。簡単に言えば，手書きしないことである。

2　教科書に見る文字の種類——書きの視点から

(1) 平仮名の扱い

「平仮名の読み書きについては，各教科の学習の基礎となるものであり，第1学年でその全部の読み書きができるようにする必要がある」(小学校学習指導要領解説国語編)とある。「書き」の学習として「書写」の教科書を使用することになる。正しく整った文字を書かせるためには，「字形」「筆順」と「筆使い」(「とめ」「はね」「はらい」「おれ」「まがり」「むすび」など)について指導することが欠かせない。教科書ではどのように扱われているかを見てみる(『みんなとまなぶ　しょうがっこうしょしゃ』1年，学校図書)。

【第1学年の第1単元】「ひらがなのかきじゅんとかきかた」
　(1) かきはじめにきをつけてかきましょう

ひとふで（一筆）で書ける平仮名から学習が始まっている。
　1マスに「1〜4」の部屋を設定し，どの部屋から書き始めると文字の形が整うのかを具体的に示している。

(2) かきじゅんにきをつけてかきましょう

　2画で構成される平仮名を取りあげ，2画だからこそ書く順番（筆順）があることを意識させている。ここでの意識が，画数が多い文字を書く場合にも転移することをねらっている。

(3) とめにきをつけてかきましょう

　終筆はおろそかになりやすいものである。
　「とめ」なのか「はらい」なのか「はね」なのかまで，よく理解して書くこと，すなわち「とめ」を指導のポイントとして，文字を書く上で筆使いがあるということを理解させることをねらっている。

(2) 片仮名の扱い

　「片仮名で書く語の種類を知り，文や文章の中で使うこと」とは，擬声語や擬態語，外国の地名や人名，外来語など片仮名で書く語がどのような種類の語であるかを知り，実際に文や文章の中で片仮名を使うことを示している。
　文字としての指導は書写の時間に行われ，第1学年と第2学年の両学年で行われる場合が多い。
【第1学年】「かたかなのかきじゅんとかきかた」（『みんなとまなぶ　しょうがっこうしょしゃ』1年，学校図書）
　平仮名・漢字の基本の学習が終わってからの単元である。
　(1) とめ・はね・おれ・まがりに気をつけてただしいかきじゅんでかき

ましょう

(2) てんやまる、小さいじをかくところに気をつけてかきましょう

(3) だいたいどんなかたちかかんがえてかきましょう（概形）

出所）以上，『みんなとまなぶ　しょうがっこうしょしゃ』1年，学校図書より転載

【第2学年】「かたかな」（『みんなと学ぶ　小学校しょしゃ』2年，学校図書）
(1) 書きじゅんと形に気をつけて正しく書きましょう

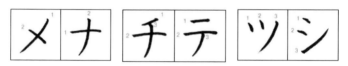

出所）『みんなと学ぶ　小学校しょしゃ』2年，学校図書より転載

(2) 花や木の名前をかたかなで書いてみましょう
　　　　カンナ　　アジサイ　　イチョウ

筆順の大切さを片仮名でも繰り返している。

　片仮名で書く言葉の指導は，国語の時間に行われる。国語の教科書1年下（『みんなとまなぶ　しょうがっこうこくご』学校図書）で片仮名で書く言葉を以下の4つに分類して提示し，書写で学んだ片仮名の活用を目指している。
　　①がいこくからきたことば
　　②がいこくのくに、まち、人の名まえ

③ものの音
　④どうぶつのなきごえ
　平仮名も片仮名も文章の中で使う場面を想定すると，国語や書写の教科書での指導では不備な点が１カ所存在する。それは，教科書での指導はほとんどが縦書きである。ところが生活場面では横書きをすることがほとんどである。小さく書く字の場所については ▣ と指導されているが，これは縦書きの場合であり，横書きでは ▣ となることを確実に指導しておきたい。

(3) 漢字の扱い
①学年別配当漢字数……合計1006字

　　第１学年…80字　　　第２学年…160字　　　第３学年…200字

　　第４学年…200字　　　第５学年…185字　　　第６学年…181字

②漢字の読みと書き

　当該学年に配当されている漢字を，まずは読むこととし，書きは前の学年までの配当漢字としているが，当該学年の配当漢字も漸次書いて使うこととしている（前述）。

③漢字の知識

　第１学年では，漢字に対して興味や関心を持たせるようにする。第１学年の配当漢字には象形文字や指示文字が多いことから具体的な事物と結びつけて指導する。それにより，漢字には意味がある，いわゆる漢字は「表意文字」であることを理解させ，漢字に対する興味を持たせている。

　中学年では，漢字の構成（へん・つくりなど）についての知識を持たせ，さらに高学年では，漢字を使う（書く）場面で，意味を理解しながら正しく使うようにすることや，正しく使うために漢字辞典を使う態度や習慣を育てるようにしている。

④文化としての文字

　中学年では「(ウ) 漢字のへん・つくりなどの構成についての知識」の上に

立って文字の組み立て方を理解し，形を整えて書く指導が求められる。高学年では仮名や漢字の形成を知ること，表音文字・表意文字，音・訓の読み方などについての知識を持たせるようにする。

特に「漢字」を書くことについては，2010年6月に文化庁から出された答申に「漢字を手書きすることの重要性」と題して次のようなことが述べられている。

> 手書きによる繰り返しの書き取り練習は，視覚・触覚・運動感覚が総合してかかわり，脳を活性化し，漢字の習得に結びつく。この習得は，漢字の弁別力や，的確な使用能力の形成にも結び付く。また，情報機器を利用して漢字を書く場合には，複数の変換候補から適切な漢字を瞬時に弁別できる力となる。更に，効率性優先の実用は別として，個性を大事にする時代にあって，手書きすることは，日本の大切な文化である。

機器の普及と，「漢字」のみならず文字を手書きすることの重要性は比例していくと考えられる。

(4) ローマ字の扱い

現行の小学校学習指導要領から，これまで第4学年で扱っていたローマ字が第3学年の事項となった。

「日常使われている簡単な単語」とは，地名や人名や身の回りで見かける簡単な単語ということである。アルファベットは児童が小学校入学時より操作しているコンピュータで身近なものになっている。

第3学年書写教科書（『みんなと学ぶ 小学校書写』3年，学校図書）ではアルファベットの大文字・小文字の書き方と地名・人名の書き方がわずかに提示されている。一方，国語の教科書（『みんなと学ぶ 小学校国語』3年，学校図書）では，上巻下巻を通して多くのローマ字表現に触れさせている。これは「ローマ字で表記されたものを読み，またローマ字で書くこと」の「読み」に力を入れているととらえることができる。また，ローマ字を「書くこと」のための基礎・基本の学びが書写での扱いである。

3　文字の成り立ち

(1) 漢字の成り立ち——六書について

「六書」とは，後漢時代の許慎が考えた6つの漢字の体系である。

　ア　象形……物の形を略画的にして字形を作ること。

　イ　指事……象形をもとにしてある約束を加え，抽象概念を表す字形を作ること。

　　　　　　　・上　　　　一下　　　　米本

　ウ　形声……意味を表す部分と音を表す部分を合わせて，字を作ること。

　　　水を表わすシ　　江　工「コウ」
　　　　　　　　　　　河　可「カ」　　　音を表わす

　エ　会意……「象形と象形」や「象形と指事」などのものを組み合わせて，新しい意味を表す字を作ること。

　　　武　　　止と戈　　止……あしあとの形（象形）
　　　　　　　　　　　　戈……武器のほこ（象形）

　ほこ（武器）を執って進むことから「いくさ・つよい」の意。

　上記4項目は，文字の作り方の分類である。次の2項目は，使い方の分類である。

　オ　転注……字本来の意義を変えて，他の意義に転用すること。
　　　楽　　　楽器の象形。音楽は人の心を楽しませるから「楽しむ」の意に転用。
　カ　仮借……字本来の意義から離れ，同音の別字として借用すること。
　　　令　　　命令の意味を無視して「良」と通用。

　　　　　令嬢（良嬢），令夫人（良婦人）など。
　　外国の国名・地名・人名　　　亜米利加，伯林など。

　なお，漢字全体の8～9割が形声文字であるといわれている。
　実際に国語の教科書（『みんなと学ぶ　小学校国語』学校図書）では漢字の成り立ちや構成に興味を持たせ，適切に使うことをねらった学習が，1学年から6学年まで系統的に行われるようになっている。

　　第1・2学年
　　・かんじのできかた（もののかたちから・しるしから）
　　・ひつじゅんのきまり
　　・2つのかん字からできたことば（熟語）
　　第3・4学年
　　・漢字の音読み・訓読み
　　・漢字の部首
　　・漢字のでき方（象形・指事・会意・形声）
　　第5・6学年
　　・漢字の成り立ち（象形・指事・会意・形声）
　　　　　　　　　　　（音を表す部分・意味を表す部分）

　など，漢字の取り扱いは充実している。とくに6学年では「言葉の音の変化」として，連濁や連声などが取り扱われている。和語としての漢字の姿がよくわかる。

(2) 仮名の成り立ち
①漢字から仮名へ
　「かな」という言葉は「かりな」の音便である「かんな」のつまったものである。「かりな」とは，「まな」（真名・真字）すなわち漢字に対する呼び方で，平安時代の造語であると言われている。「かな」は，漢字の音を借りて日本語を書き表したものである。平安時代には，以下の4種類の「かな」があった。

1　男手……万葉かなの楷書体
2　草………万葉かなの草体
3　女手……平かな
4　片仮名…片かな

片仮名は，文字としてではなく符号としての意識で使われたと考えられている。資料には次のように述べられている。

奈良朝以来，仏教の書物の学習が広く行われたが，講師が仏典を読み上げるのを，弟子たちが聞くさい，書物に書き込んだ。そのため早く書くのに便宜なものとして考え出されたのであろう。漢字の字体の一部をとって作られた，まったくの実用のものである。(略)独立した文字として使われるようになったのは平安中期過ぎからである[2]。

②平仮名・片仮名の字源[3]

平仮名の字源

ん	和	良	也	末	波	奈	太	左	加	安
ん	わ	ら	や	ま	は	な	た	さ	か	あ
ん	わ	ら	や	ま	は	な	た	さ	か	あ
	為	利		美	比	仁	知	之	幾	以
	ゐ	り		み	ひ	に	ち	し	き	い
	ゐ	り		み	ひ	に	ち	し	き	い
		留	由	武	不	奴	川	寸	久	宇
		る	ゆ	む	ふ	ぬ	つ	す	く	う
		る	ゆ	む	ふ	ぬ	つ	す	く	う
	恵	礼		女	部	袮	天	世	計	衣
	ゑ	れ		め	へ	ね	て	せ	け	え
	ゑ	れ		め	へ	ね	て	せ	け	え
	遠	呂	与	毛	保	乃	止	曽	己	於
	を	ろ	よ	も	ほ	の	と	そ	こ	お
	を	ろ	よ	も	ほ	の	と	そ	こ	お

片仮名の字源

尓	和	良	也	万	八	奈	多	散	加	阿
ン	ワ	ラ	ヤ	マ	ハ	ナ	タ	サ	カ	ア
ン	ワ	ラ	ヤ	マ	ハ	ナ	タ	サ	カ	ア
	為	利		三	比	仁	知	之	幾	以
	ヰ	リ		ミ	ヒ	ニ	チ	シ	キ	イ
	ヰ	リ		ミ	ヒ	ニ	チ	シ	キ	イ
		留	由	牟	不	奴	川	寸	久	宇
		ル	ユ	ム	フ	ヌ	ツ	ス	ク	ウ
		ル	ユ	ム	フ	ヌ	ツ	ス	ク	ウ
	恵	礼		女	部	袮	天	世	計	衣
	ヱ	レ		メ	ヘ	ネ	テ	セ	ケ	エ
	ヱ	レ		メ	ヘ	ネ	テ	セ	ケ	エ
	遠	呂	与	毛	保	乃	止	曽	己	於
	ヲ	ロ	ヨ	モ	ホ	ノ	ト	ソ	コ	オ
	ヲ	ロ	ヨ	モ	ホ	ノ	ト	ソ	コ	オ

(3) いろはうたと五十音表

①いろはうたの成立

10世紀末から11世紀に作られたと言われている。

「いろはうた」は，すべてのかなを重複することなく作られた七五調の歌であることから，調子よく唱えながら，かなの手習いの手本として長いこと使われてきた。

　　いろはにほへと　ちりぬるを　わかよたれそ　　つねならむ
　　うゐのおくやま　けふこえて　あさきゆめみし　ゑひもせす

②五十音表
「あ・い・う・え・お」の5母音と，「か～わ」までの子音9行を組み合わせた五十音の配列は，「いろはうた」とほぼ同じ時期にできた。「五十音」という呼び方は，江戸時代になってからのものである。
　「五十音図」の成立過程は『五十音図の話』（馬渕和夫，大修館書店）に詳しい。
　明治時代に「いろはうた」に代わって仮名の順序を表すものとして使われてきた。明治初期には横10行・たて5段の50文字が存在している。
　1946年に現代仮名遣いが導入されるに及び，ヤ行のイ段・エ段と，ワ行のイ段・ウ段・エ段は「い・う・え」と書かれるようになり「ん」を含め現在の46文字（清音）となった。

（4）文字（漢字）の起源について
　白川静は文字（漢字）の起源について次のように述べている。

　　古代の文字は、直接に音を示すためでなく、そのことを示すために作られた。それゆえに象形文字がまず生まれたのである。音は約束として存在していたが、特に表記されることはなく、あっても極めて稀であった。形と音義との結合が安定してくると、はじめてこれを音符として利用する方法がとられた[4]。

　　漢字は、わが国では音訓をあわせ用いるという方法によって、完全に国語表記の方法となった。他の民族の、他の語系に属する文字を、このように自国の言語、その言語の表記に用いるという例は、他にないもの

である。これは誇るべき、1つの文化的成就といってよい[5]。

この白川の考えが，小学校国語科教科書での漢字の指導ではっきりと読み取れる。

> 確認問題

1 次の文字の□の画は何番目に書くか筆順の番号を書き入れよう。

2 文字を手書きすることの意義について，あなたの考えを200字程度で述べよう。
3 「表意文字」「表音文字」について，小学生が興味を持ったり納得したりするように，具体的に説明しよう。

引用文献
1) 外山滋比古『日本語のかたち』河出書房新社（河出文庫），2013年，pp.194〜195
2) 小松茂美「かなの歴史」『書道講座④かな』，1971年，p.135
3) 宮澤正明『新・字形と筆順』光村図書出版，2013年，p.338
4) 白川静『文字逍遥』平凡社（平凡社ライブラリー），1994年，p.337
5) 白川静『字通』平凡社，1996年，p.3

より深く学習するための参考文献
・鈴木翠軒・伊東参州『新説和漢書道史』日本習字普及協会，1996年
・西川寧編『書道講座④かな』二玄社，1971年
・松岡正剛『白川静　漢字の世界観』平凡社新書，2008年
・馬渕和夫『五十音図の話』大修館書店，1993年

第12章

日本語の特質（書写）

　国語科書写は言語の教育としての立場をいっそう重視し，そのねらいである「正しく整えて書くこと」を通して言語活動をより有機的に働く力を身につけることが重要である。国語科書写の学習要素は，おもに，姿勢・執筆法，用具・用材とその扱い方，筆使い，筆順，字形，書く速さ，文字の大きさ，配列，書式の形式（書式），良否・適否の弁別（鑑賞）などが挙げられ，その学習要素は態度・技能・表現・理解・鑑賞と深く関わり合っていると言える。日本語の特質の一つとして手で文字を書くことの意義について再確認し，正しく整えて（速く）書く能力を学習や生活に役立てる態度を養うことが，伝え合う力を高めることにつながるということを忘れてはならない。

キーワード

　　　　言語活動　筆順　字形　基本点画　生涯教育

1　国語科書写の位置付け

(1) 国語科書写の今日的意義

　元来，書写とは書き写すという意味であり，筆写とも言われる。ここで取りあげる「書写」は学校教育における小・中学校の国語科の科目の中の書写を示す。つまり，教科として書写が独立しているのではなく，学校教育においては小・中学校ともに国語科の一部に位置付けられている。

小学校における国語科書写のねらいは「正しく整えて書くこと」にある。これは書写によって言語感覚を養い，「書くこと」を中心として言語活動をより有機的に働く力を身につけるということである。したがって，小学校における国語科書写としての今日的意義は，言語活動の基盤となる力そのものをはぐくむという点において重要となる。

　文字を書くことは，つねに「記録・伝達」という日常生活の必要から存在し，実用的に用いられてきた。しかしながら，人々が意思や情報を伝達するコミュニケーションツールは，文字を書くことからキーボードを打つことへ，さらにタブレット型ＰＣへと加速度的に移行しつつある。情報化社会の発展とともに，書き文字としてのあり方や目的，用途を含め，国語科書写としての今日的意義を見出していかなくてはならない。

　江戸時代，寺子屋での教育はとりわけ「読み書き算盤」が中心であったが，「書写」という呼称がどのような流れを受けて用いられるようになったか以下まとめてみたい。

　1872（明治5）年，学制頒布により書写は毛筆・硬筆を含め「習字」という呼称であり，それが1900（明治33）年の「小学校令」では「書キ方」となった。その後，1958（昭和33）年の「学習指導要領」で国語科に吸収され，「書写」という呼称が用いられることになり，これより「書写」という呼称が現在まで継承されているのである。また，「書道」というのは高等学校の芸術科（音楽・美術・工芸・書道）の一科目としての「書道」がある。

　生涯教育の一つとして，子どもから大人（社会人）まで毛筆を中心とした習いごとである書道塾においては「書道」や「習字」と呼ばれている。実際の小・中学校の学校現場では「書写」を示す呼称が「書道」や「習字」とさまざまであることがうかがえる。このように，学校教育において「書写」という用語の混同が見られる理由は，書写・書道教育の歴史やその名残り，書道塾との関係が影響していると言える。

　さらに，「書」という場合は書家（書道家）の作品やその活動を「書」と一言で表現し，書道を一つの造形芸術として表している。

(2) 国語科書写の位置付け

　国語科書写は，従来の〔言語事項〕から2008（平成20）年の「学習指導要領国語科」において「話すこと・聞くこと」「書くこと」「読むこと」の3領域と〔伝統的な文化と国語の特質に関する事項〕の1事項の中に位置付けられている。

　〔伝統的な文化と国語の特質に関する事項〕はこのうち(1)の「ア伝統的な言語文化に関する事項」「イ言葉の特徴やきまりに関する事項」「ウ文字に関する事項」があり，それに加えて(2)の書写に関する事項とに分けられている。

　各学年では次のように示されている（字形や点画については後述）。

　第1学年及び第2学年
　　ア　姿勢や筆記具の持ち方を正しくし，文字の形に注意しながら，丁寧に書くこと。
　第3学年及び第4学年
　　ア　文字の組み立て方を理解し，形を整えて書くこと。
　　イ　漢字や仮名の大きさ，配列に注意して書くこと。
　第5学年及び第6学年
　　ア　用紙全体との関係に注意し，文字の大きさや配列などを決めるとともに，書く速さを意識して書くこと。
　　イ　目的に応じて使用する筆記具を選び，その特徴を生かして書くこと。

　国語科書写の内容として，上記の学習要素をまとめてみると，おもに次の10項目となるだろう[1)]。

　①姿勢・執筆法
　②用具・用材とその扱い方
　③筆使い
　④筆順

⑤字形
　⑥書く速さ
　⑦文字の大きさ
　⑧配列
　⑨書式の形式（書式）
　⑩良否・適否の弁別（鑑賞）

　まず，姿勢については現行の書写の教科書いずれにも椅子に座った際の正しい姿勢と筆記具の持ち方の写真・絵などが掲載されている。ここで正しい姿勢を示す理由について述べてみたい。実は，姿勢がよくないと文字を書く際の機能が低下する。椅子に掛けて右手で書く場合，左右の足はやや開いた状態で床にしっかり足をつけて体重を支える。そして左手は机の上の半紙にそえる。上体は前屈みとなり頭の位置は真上ではなく，頭をやや傾けるようにする。そのようにすれば筆や鉛筆の先端部分がよく見え，角度が正しく見え字形を整えることができる。正しい姿勢は無理のない姿勢となり，学習意欲の向上にもつながる。

　とくに，書写の時間では，次のような合言葉がある。「足はペタペタ，背筋はピン，お腹と背中にグーーつ」。正しい姿勢は国語科書写の時間だけではなく他教科の学習においても心がけたいことであり，習慣化していくことが望ましい。

　②の用具・用材として，「文房四宝」という用語がある。文房とは今でいう書斎のことで，四宝とはその書斎の中で大切なもの，つまり，筆・墨・硯・紙のことを示している。それぞれどのような種類があるのかなどは説明できるようにしておきたい。書写の学習内容はおもに，毛筆の指導と硬筆の指導とに分けられる。第1学年および第2学年の姿勢と筆記具の持ち方は学習の基礎・基本となるため大切な内容である。筆記具は，硬筆の場合，鉛筆やフェルトペンを使用する。鉛筆はHBから2Bまでの硬度がよい。

　筆の種類については，毛の硬さ，長さなどさまざまな種類がある。筆の穂の長さを長いものから短いものまでを長鋒・中鋒・短鋒と言い，筆の毛の太さを大筆・中筆・小筆と言う。次に，筆の取り扱い方についてであるが，大

筆の使用後は墨をよく洗い流し，陰干しする。小筆の使用後は反故紙（書き損じて不要になった紙のこと）などに水分を含ませて穂先をゆっくりと整えて墨を落とす。筆の部分の名称は図表12-1の通りである。

図表12-1　毛筆の部分の名称

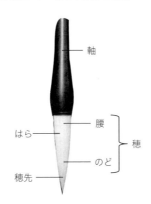

　最近では，硯がプラスチックの材質もあるが，それでは墨（固形墨）をすることができない場合が多い。墨液だけではなく墨をするという行為そのものを大切にしたい。いずれにせよ筆も硯も墨をつけたままで放置しないことが大切である。

　その他，練習した半紙を机の脇につるす「紙ばさみ」や下敷き，文鎮を用意する。下敷きの材質は，ラシャかフェルトがよい。

　たとえば，第5学年および第6学年の「用紙全体との関係」について「小学校学習指導要領国語編」の解説によれば「用紙」は，原稿用紙，半紙，画用紙や模造紙などの白紙，それらに準ずる布や金属，ガラスなどといった用材全般のことを指す。用紙との関係から，適切な文字の大きさや配列，字配り，余白を意識して書くことができるよう指導したい。

　また，「書く速さを意識して」とは，状況によって書く速さを意識しなくてはならない。ゆっくり丁寧な場合とある程度の時間が限定された場合とがある。さらに「目的に応じて」とは生活や学習活動において文字を書くさまざまな場面における目的に対応することである。次の「筆記具を選び」の「筆

記具」は，高学年ともなれば目的によって鉛筆，フェルトペン，毛筆，ボールペン，筆ペンなどの筆記具を使い分け，「その特徴を生かして」筆記具全体の形状，書く部分の材質や形状，色など用途に合わせて書くことができるよう指導する。

図表12-2は毛筆用具の置き方[2]であるが，用意する順番や方法はあらかじめ決めておくとよい。たとえば，教科書は左側に置き，半紙などの用紙は書く直前まで机の上に出さないでおくなどである。

図表12-2　毛筆の用具の置き方

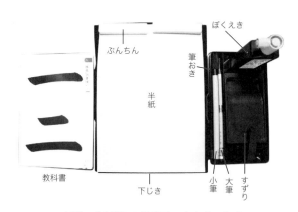

出所）『実践! 小学書写』を参考に作成

次に，学習指導要領の中の字形や点画に関連する内容については次のように示されている。

第1学年及び第2学年
　イ　点画の長短や方向，接し方や交わり方などに注意して，筆順に従って文字を正しく整えて書くこと。
第3学年及び第4学年
　ウ　点画の種類を理解するとともに，毛筆を使用して筆圧などに注意して書くこと。
第5学年及び第6学年

ウ　毛筆を使用して，穂先の動きと点画のつながりを意識して書くこと。

　まず，字形の中の点画の組み合わせ方について述べてみたい。
　字形の整え方については，次の図表12 - 3のように全体の捉え方，点画の関係と組み合わせ方，部分の関係と組み立て方とに分かれているが，点画の組み合わせをこのように留意して考えると字形が整えやすい。

図表 12-3　字形の整え方

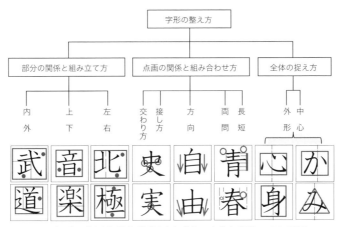

出所）　全国大学書道学会編　『書の古典と理論』　より引用

　字形全体を捉える要素には「外形（概形）」と「中心」とがある。文字の外形（概形）は輪郭をたどったときにできるおおよその図形のことである。たとえば，身→□，み→△，心→□　がそれぞれの外形（概形）となる。全体の捉え方として，文字の中心，つまり，一文字の中に中心線を目安としておくと中心がとれやすく整った字になる。
　次に，「点画の組み合わせ」については点画の長短や画間，方向，接し方や交わり方を言う。たとえば，三，世の文字があればどの画を長くすると字形が整うのか考えながら書くことが大切である。
　「点画の接し方や交わり方」の「点画の接し方」については，点画と点画が

どの位置でどのような状態で接しているかということである。たとえば，口と目の最終画の接し方を見てみよう。どちらも最終画の接し方の部分では少し出るところが違うのではないか。口は横画の終筆部が少し右に出て，目の縦画の終筆部は下方へ少し出る。
　また，「点画の交わり方」については点画と点画とがどのような方向（角度）で交わるかということである。たとえば，文や本，使というように点画の長短，方向など一字の中に位置するところに注意しなければならない。
　次に，部分の関係と組み立て方についてであるが，漢字は2つ以上の部分の組み立てからなる漢字が全体のほとんどを占める。「部分の組み立て方」については，「左右からなる文字」「上下からなる文字」「内外からなる文字」に分けてとらえるとわかりやすい。
　たとえば，左右からなる文字は，林や銀などの「偏」と「旁」の組み立て方と，街や樹などの縦三分割の組み立て方とがある。また，上下からなる文字「冠と脚」の組み立て方である雲や笛などがある。これらは共通している漢字が比較しやすいように，「金銀」「木林」「竹笛」というように並べると理解しやすい。
　また，内外からなる文字とは，「構」「垂」「繞」などがある。構は，囲や間など，垂は圧や店など，繞は進や近などが挙げられる。
　次の「筆圧」や「穂先の動き」については毛筆学習をはじめる第3学年および第4学年から取りあげられる事項である。「筆圧」とは，筆記具から用紙に加わる力のことである。筆圧は点画の種類を理解しながら，点画と筆圧とを関連付けて指導する必要がある。
　「穂先の動き」については，中学年で指導した点画の中での穂先の動きだけでなく，点画から点画へ，さらには，文字から文字へと移動していく動きを意識したい。

（3）基本点画
　基本点画を図にすると次のようにまとめられる。

図表 12-4　基本点画

横画	縦画	折れ	左払い
一	丨	乛	ノ
右払い	そり	曲がり	点
﹨	↳	㇉	丶

　基本点画とは，楷書を構成している点画であり，書き方の基本となる点画のことを言う。古来，基本となる点画や筆使いがすべて「永」という漢字一字に集約される「永字八法」がある。基本点画はそれぞれ次のような筆使いとなる。

・横画は，最も頻度数が多い画であり，やや右上がりとなる。始筆は約45度から筆をおろし，送筆は右横に運ぶ。そして終筆は押し返すように引き上げる筆使いとなる。
・縦画は，文字の柱として直立した形となる。終筆は強く止める場合と，軽く止める場合，はねの場合などがある。
・折れは，送筆の途中で方向を変える点画である。
・右・左払いは，次画への円滑な移行のための点画のことである。
・点は，方向と長さをもった短い画のことである。
・そりは，送筆部の曲線の形状である。
・曲がりは，送筆の途中で曲線を描きながらほぼ90度に方向を変える画のことである。

　基本点画はそれぞれどのような割合となっているのか。次の表は，学習漢字点画分類表とその頻度の割合を示している。

図表12-5　学習漢字点画分類表

(△は許容される書き方)

分類の観点 点画		形状		送筆 方向	終筆 払い	とめ	はね	割合（%）	
		丸	角						
画				横画	×	○	○	30	
	折れ			（横→垂直）	×	○	○	3	12
				（横→斜め）	○	○	○	7	
				（そのほか）	○	○	○	2	
				縦画	△	○	○	18	
				左払い	○	×	×	10	
				（右上払い）	○	×	×	4	
				右払い	○	×	×	3	
	そり			（右下・縦）	×	×	○	1	
	曲がり			（縦→横）	×	○	○	1	
点					○	○	○	17	
複合画					○	○	○	4	
割合（%）					25	67	8	100	

出所）　全国大学書道学会編『書の古典と理論』より引用

　上表でわかるように，横画の割合が全体の30％を占めるというようにその割合は高く，次に縦画が高いということがわかる。

　さて，基本点画と関連して国語科書写が硬筆だけではなく，毛筆を使用することの意義について以下述べてみたい。「小学校学習指導要領」の中の「第3　指導計画の作成と内容の取扱い」の〔伝統的な言語文化と国語の特質に関する事項〕の(2)では，次のように明記されている。

　　　硬筆を使用する書写の指導は各学年で行い，毛筆を使用する書写の指導は第3学年以上の各学年で行うこと。また，毛筆を使用する書写の指導は硬筆による書写の基礎を養うよう指導し，文字を正しく整えて書くことができるようにするとともに，各学年年間30単位時間程度を配当すること。

国語科書写は「文字を正しく整えて書くこと」がその目的であり，毛筆は硬筆による書写の基礎を養うよう指導し，硬筆は毛筆との関連を図っていく必要がある。毛筆を使用して書写を学ぶ意義は，毛筆の機能を生かして基本点画を大きく書くことにより，文字に対する理解を深め，日常に用いられる硬筆に生かして文字を正しく書くということである。そのためには，基本点画である横画，縦画，折れ，払いなどの基本となる点画の筆使いについて注意深く見ていく必要がある。
　以上のような書写の学習要素を踏まえてはじめて態度・技能・表現・理解・鑑賞を身につけることにつながると言える。

　　・態度
　　・技能・表現
　　・理解・鑑賞

　態度とは「書写を尊重し，丁寧に書こうとする態度」や「正しく整えて，(速く)文字を書こうとする態度」である。厳密に言えば，「鑑賞」は高等学校の芸術科書道で学習することになるが，漢字の構成や由来について日常生活における身の回りの文字の多様性などを知ることもこの理解・鑑賞ととらえてよいだろう。

2　書写・書道教育とこれから

(1) 書写と書道
　国語科書写は「書くこと」の領域ではなく，〔伝統的な言語文化と国語の特質に関する事項〕の中の「書写」として位置付けられている。また，「書道」は高等学校の芸術科(音楽・美術・工芸・書道)の一科目として「書道」という教科として位置付けられる。教科としての「書道」は芸術科書道を指し，芸術の域にまでは達することがないのが国語科書写としての位置付けである。
　このように小・中学校の書写と高等学校の書道では位置付けが異なるが，両

者は相対的な関係にあるのではない。国語科書写も芸術科書道もともに，文字教育の基礎・基本を習得することに重点が置かれている。そして，国語科書写の基礎・基本の学びに基づいて，その延長線上にあるのが芸術科の書道ということになる。書写・書道教育の学習内容系統図が次の図表12-6である。

（2）筆順指導

　ここで，筆順（書き順）について述べてみたい。小学校の国語科書写の場合，筆順指導は書写が担う大きな役割となる。筆順指導については，漢字によってその筆順が一字一種とは限らないが，学習上の理由からとくに小学校においては原則，一字一則主義をとっている。1958（昭和33）年の「筆順の手引き」を確認しておくとよいだろう。先に，漢字によってはその筆順が一字一種とは限らないと述べたが，ここで小学校書写の原則と特定した理由は，中学校では楷書から発展して行書を学ぶ。楷書と行書では筆順が異なる漢字もあるため，一字一則は小学校で学習することが主ということになる。高等学校では，これらに加えて草書・篆書・隷書など各書体を学ぶことになるが，書体に応じた筆順の違いを学ぶことになる。したがって，筆順が世代や地域の差で異なるのではなく，書体の違いの認識によるものとした方が理解しやすいのではないだろうか。

　実際の授業や講義において，学習者から，そもそもなぜ筆順を学ぶのかその意義について問われることがある。この問いを等閑にしてしまうと学ぼうとする気持ちを疎かにしてしまうことになるため，教師はしっかりと応えられるようにしたい。

　そのような疑問を投げかけられた場合の実践例をここで1つ紹介してみたい。それは筆順の原則をいったん無視して書かせてみるということである。たとえば，「明」という漢字を書くとする。はじめに第6画目を書く，次に第4画目を書くという順番にする。順序を第1画目から第2画目というように連続しないで書くことが求められると多くの書き手はバランスをとることができず，字形が乱れやすい。そのとき，速く書くこと，また字形を整えて書くことは筆順を学ぶことによって合理的・効果的であるということを体験的に感じとることができれば筆順を学ぶ意味を理解することができよう。この

第 12 章 日本語の特質 (書写)

図表 12-6 書写書道の学習内容系統図

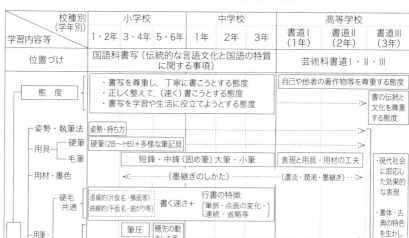

出所） 全国大学書道学会編 『書の古典と理論』 より引用

ように，筆順を学ぶ意義をしっかり自覚していれば教員自身も筆順を疎かにして板書に臨むというようなことは少なくなるのではないか。

(3) 生涯教育としての書道

1984(昭和59)年の中央教育審議会答申「生涯学習について」がきっかけとなり，書写・書道教育にも生涯学習への関心が高まって久しい。

最近では，カルチャーセンターや通信教育，またマスメディアの影響により書道が新たに注目されはじめている。

文字を書くという行為が日常生活と密接に結びついていることから，学習の成果が目に見えた際にはその達成感や満足感を得やすいといった長所がある。

環境条件である人的環境や社会環境がそろい，学習動機が書道ということに設定されれば，必要性や好奇心によって知識・理解は進み，書くという技能や表現は自尊心を伴って深化していく。学校教育において学習した毛筆・硬筆の学びは，定年後に限らず生涯にわたって人生のいつでも気軽にはじめることができるため，生涯教育を考えた場合，書道には今後も大いなる可能性があると言えよう。

図表12-7　書写書道の学習内容系統図

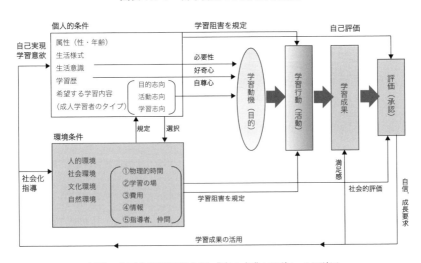

出所）全国大学書道学会編『書の古典と理論』より引用

確認問題

1. 国語科書写の学習内容は大きく分けて毛筆と硬筆がある。なぜ毛筆指導が行われるか、毛筆指導の今日的意義を答えよう。
2. 毛筆において学習したことを硬筆に生かすようにするためには、どのような指導や支援をすればよいか具体的に答えよう。
3. 筆順指導の必要性を説明しよう。
4. 第3学年、第4学年の「漢字や仮名の大きさ」の毛筆指導に関する評価を客観的に行うために、評価のポイントを明らかにし、児童が主体的に取り組むことができるような学習カード(ワークシート)を作ろう。

引用文献
1) 全国大学書道学会編『書の古典と理論』光村図書出版、2013年、p.94
2) 長野秀章編著『実践!小学書写』教育出版、2004年、p.67

より深く学習するための参考文献
・江守賢治『漢字筆順ハンドブック——正しくきれいな字を書くための』三省堂、2012年
・全国大学書写書道教育学会『新編書写指導』萱原書房、2003年
・全国大学書写書道教育学会編『明解書写教育』萱原書房、2009年
・松本仁志『筆順のはなし』中央公論新社、2012年
・松本仁志『「書くこと」の学びを支える国語科書写の展開』三省堂、2009年

第13章

日本語の特質（文法）

　「小学校学習指導要領」においては，文法に関する事項は，〔伝統的な言語文化と国語の特質に関する事項〕の「イ　言葉の特徴やきまりに関する事項」の中にまとめられている。細分化されたその事項の中でいわゆる文法に関係するのはおもに「言葉の働きや特徴に関する事項」と「文及び文章の構成に関する事項」である。

　しかし，学習指導要領では「文法」という言葉は直接的には用いられておらず，「文法」の内容はいまだに戦後すぐに出された『中等文法　口語』という教科書に従っているのが現実である。新しい日本語文法研究には対応できていない。

　文法学習は，教科書の記述の背景にある新しい日本語研究を反映させながら，「日本語教育において掘り起こされている文法的法則性をとり入れる」「体系的な文法学習を基礎に，文論を中心とする機能文法を，読解学習，表現（作文）学習にも生かしていく」「『文法』の面白さ――考える文法学習・文法的に考える学習による――を学ぶ」というような方向で刷新していくべきである。

キーワード

　　　日本語の特徴やきまり　中等文法　「は」と「が」

1　「言葉の特徴やきまりに関する事項」

(1) 学習指導要領における位置づけ

　2008(平成20)年告示の「小学校学習指導要領」においては，文法に関する事項は，〔伝統的な言語文化と国語の特質に関する事項〕の「イ　言葉の特徴やきまりに関する事項」の中にまとめられている。この内容はさらに「小学校学習指導要領解説国語編」では，「言葉の働きや特徴に関する事項」「表記に関する事項」「語句に関する事項」「文及び文章の構成に関する事項」「言葉遣いに関する事項」「表現の工夫に関する事項」に分けられているが，その中でいわゆる文法に関係するのはおもに「言葉の働きや特徴に関する事項」と「文及び文章の構成に関する事項」である。その内容は次のようになっている。

　　第1学年及び第2学年
　　　(イ) 音節と文字との関係や，アクセントによる語の意味の違いなどに気付くこと。
　　　(カ) 文の中における主語と述語の関係に注意すること。
　　第3学年及び第4学年
　　　(オ) 表現したり理解したりするために必要な語句を増し，また，語句には性質や役割の上で類別があることを理解すること。
　　　(キ) 修飾と被修飾との関係など，文の構成について初歩的な理解をもつこと。
　　　(ク) 指示語や接続語が文と文との意味のつながりに果たす役割を理解し，使うこと。
　　第5学年及び第6学年
　　　(オ) 文章の中での語句と語句との関係を理解すること。
　　　(ク) 日常よく使われる敬語の使い方に慣れること。

　ほかにも文法に関連する項目はあるが，直接文法に関わる項目をあげた。ここに見られる文法的な用語についても，その用語を用いて指導することを求めているわけではないので，こうした内容について学ぶことができ，大体

のことが理解できればよいわけである。これは，中学校の学習指導要領が「単語の類別」や「単語の活用」を具体的な指導内容として指定し，「助詞」「助動詞」などとあげて品詞などの知識をあげているのとは一線を画している。たとえば低学年の「主語と述語の関係に注意すること」は，主述の照応関係を主として想定しており，小学校学習指導要領解説国語編でも，そのように明記されている。主語述語という概念のメタ知識としての文法的理解を要求しているわけではないということになる。

(2) 主述の呼応

低学年において，主語述語の関係がどう扱われているか見てみよう（『みんなと学ぶ　小学校こくご』1年下，学校図書）。

```
にほんごの　文は
　なに　が　どう　する。
　なに　は　どんなだ。
と　いう　かたちに　なって　います。
①　　　　　が　　　　　。
　　犬　が　はしる。
②　　　　　は　　　　　。
　　アイス　は　おいしい
```

実際には，絵を見たりしながら，たくさんの文を作ったりすることで，主述の照応関係に慣れ，長い文になってもねじれが起こらないようにすることが大事なこととされている。主語や述語という用語を使うとしても第2学年以上ということになる。そしてもしその用語を使えば，「何が」「何は」が主語で「どうする」「どんなだ」が述語ということになるだろう。しかし，ここには，「が」と「は」の違いや，文法的構成要素を何にするかという問題が残される。

実はここにいわゆる学校文法の問題点がある。

2 学校文法の問題点

(1) 学校文法と橋本文法

　学習指導要領では，実は「文法」という用語は直接的には用いられていない。「言葉の働きや特徴に関する事項」および「文及び文章の構成に関する事項」に書かれているのは，さまざまな内容が含まれ，一般的に「文法」と言われている内容に直接対応しているわけではない。しかし，そこに書かれていることは，言語の単位から見た場合，「語」「文」「文章（談話）」のすべてにわたっている。このことは，語論・文論・文章論のすべてにわたる規則性に関わる学習をすることが目指されていることを示しており，国語科の学習指導要領は，実態として文法を学習することを求めている。

　しかし，学校で教えるべき「文法」が体系的に整理されているかというとそうはなっていないという現実がある。学校で学習される文法を一般には学校文法と呼ぶことが多いが，その内容は，公的には提示されていない。ただ，『中等文法』が一応学校文法の骨子をなすものとして，現在も引き継がれているという現実がある。

　1943（昭和18）年に文部省が編纂した国定教科書『中等文法』がある。橋本進吉の弟子である岩淵悦太郎が執筆したもので，その文法は橋本文法の影響を受けたものとなり，とくに「文節」という概念を一般化することとなった。戦後1947（昭和22）年には，この『中等文法』を基に，『中等文法 口語』と『中等文法 文語』という2冊の教科書が作られた。この教科書の記述が，今も学校文法を結果的に規定している。その後の日本語学研究の進展がなかなか反映されないばかりか，文節という概念では文構造を説明できないという根本的な問題を解決することができないという弱点を抱えたままである。現在でも教科書は『中等文法』を参照して書かれるという事態が続いており，公的な形で新たな文法が提示されることもないために，いわば中途半端な文法学習が続いているということになる。

(2) 「が」と「は」

　教科書の例で見たように，文節を中心とした橋本文法によっているので，

「何が」「何は」が主語で「どうする」「どんなだ」「なんだ」を述語として一括する説明がなされる。しかし一方、「が」と「は」の機能の違いは、どこかで触れなければならないため、次のような学習が提示されている(『みんなと学ぶ 小学校国語』6年下，学校図書)。

　　「は」と「が」には、いろいろな使い分けがあります。
　　次の例文で考えてみましょう。
　　ア　この中で、だれが六年生ですか。
　　　　わたしが、六年生です。
　　イ　あなたは、六年生ですか。
　　　　わたしは、六年生です。
　　アのように、主語が分からず、「だれか(何か)」をはっきりさせるときは、「が」を使い、イのように、「だれか(何か)」(主語)がもう分かっているときには、「は」を使います。

　　「は」と「が」の使い方を考えましょう。
　　①ＡとＢのどちらの薬が、心臓の病気によく効きますか。
　　　　Ａの薬がよく効きます。
　　②ＡとＢの薬は、何の病気に効きますか。
　　　　Ａの薬は心臓の病気に効き、Ｂの薬は胃の病気に効きます。
　　③教育を受ける権利は、何で保障されていますか。
　　　　教育を受ける権利は、憲法で保障されています。

　教師用指導書を見ると、「が」は、「話題の中心にあるとき」に用い、「は」は「話題の中心から外れたとき」に用いるとされている。例題の①では「Ａの薬かＢの薬か」が話題の中心だから「が」、②では「何の病気に効くか」が話題の中心だから「は」、③では「何で」が話題の中心だから「は」ということになるという説明である。
　この説明は，日本語学研究における「新情報」と「旧情報」ないし「焦点」と「前提」という用語で検討されてきた内容を反映したものとなっている。し

かし，そもそも低学年の時には文節そのものを主語・述語として扱ってきているのに，ここでは，助詞をとりたてて説明しているため，事実上単語を「主語」として取りあげることとなっている。「文節」という単位がこうした分析・説明には向いていないことを示している。

　もちろん，文法概念を振り回さないことが学習指導要領の意図でもあるから，現象をそれなりに説明でき，正しい言葉使いがわかればいいわけである。しかし，英文法の学習のようにすっきりしないことは事実であり，やがて学習する古典文法との齟齬も大きい。

（3）日本語教育における日本語文法との違い

　このことは，新しい文法研究を反映させている外国語母語者を対象とした日本語文法教育とのずれという形で鮮明になっている。町田健による次の説明がわかりやすいので，引用する[1]。

> 学校文法は「形」重視，日本語教育文法は「機能」重視
>
> 　学校で勉強する日本語の文法、いわゆる「学校文法」は、戦前に橋本進吉という国語学者が提唱した文法に基づくもので、基本的な内容は戦前から現代に至るまで全く変わっていません。学校文法の特徴は、まず文を「文節」に分けるという作業に始まり、単独で文節を構成することができる語を「自立語」、単独では文節を構成できない語を「付属語」として分類します。この分類を基礎として、活用するかどうかという基準で、語を品詞に分類します。活用する語については、それがどのように活用するのかということが中心に記述され、活用しない語については、それぞれの語が文中でどのような働きをするのかという内容が説明されます。
>
> 　この意味で学校文法も、それなりの体系に基づいた日本語の記述が行われているとはいえるのですが、どちらかといえば、活用に代表される語の「形」に重点が置かれていて、日本語教育で重要になる語の「機能」については、適当に羅列されているだけで、極めて不十分な説明しか加

えられていません。しかも、品詞分類の基礎となる文節の定義が曖昧なため、設定された品詞の文法的・意味的な特徴が正確にとらえられないという欠点もあります。

　日本語教育の文法は、近年、盛んに行われている日本語学や言語学に関する研究の成果をできるだけ取り入れようとしていて、学校文法で用いられる品詞分類などは、ある程度、受け継いではいるものの、全体としては全く異なった枠組みに基づいています。動詞についていえば、学校文法ではほとんど言及されない「テンス」「アスペクト」「モダリティー」などの、日本語の動詞が表す重要な文法的な機能は詳しく説明されます。また、助詞「は」によって表される「主題」の概念も、主語との機能的な違いを中心に説明されますし、学校文法では「副助詞」として分類されていた「も」「さえ」「でも」などの助詞も、「とりたて」という機能を表すものとして、統一的な記述が試みられます。

　さらには、文節を単位とする学校文法では取り上げることのできなかった「連体修飾節（関係節）」の機能的分類が行われるのも、日本語教育の文法の特徴です。このように日本語教育では、語や節が示す文法的な機能を正確に説明し、文法的に正しい日本語を作って理解することを可能にするという目的で、文法がとらえられ記述されているといえます。

　教科書の文法に関わる教材は，新しい日本語研究の成果を少しずつ反映させており，工夫がなされている。教科書をもとにしつつも，それを活用して学習をデザインすることによって文法の学習もそれなりにおもしろいものになる。そもそも文法の規則性は，学び取る規範としての規則性ではなく，言語事象から発見し説明する規則性であり，文法学習とはその発見し説明する過程としてデザインされなければならない。

3　文法学習のデザイン

（1）学校文法学習の方向性

　糸井通浩（1992年）は，「学校文法」の抱える問題点を整理したうえで，以下

のような提言をまとめている[2]。

①「文節」という国語の事実を基に、その本質を捉え直すこと。
②「文論」とは何かを見直し、それを充実させること。
③日本語教育において掘り起こされている、文法的法則性を国語の文法学習の中にとり入れること。
④体系的な文法学習を基礎に、文論を中心とする機能文法を、読解学習、表現（作文）学習にも生かしていくこと。
⑤品詞論（品詞分類を目標とする）に終始する文法学習は、広義文法からも狭義文法からみても、不充分なもの、その一部にすぎないか、または「文法」学習の本質をはずれた「文法」であることになる。
⑥「文法」の面白さ——考える文法学習・文法的に考える学習による——を学ばせたい。

こうした方向性は国語教育関係者にもほぼ共有されているとみられるが、いまだ十分な体系的試みがなされていないのが実態である。
　ここでは、とくに⑥の視点に立って、学習デザインを考えてみよう。

(2)「なので」は接続詞か？

　新しい言語現象をトピックとして取りあげ、それを文法的に考えてみるという学習をデザインすることが、文法学習の改善の方向性の一つである。一例として文頭の「なので」を取りあげる。
　文頭に現れる「なので」の使用が広がっている。次のような形で用いられる。

　　多くの人からいきなり無断で着払いでものを送りつけられることになると、どれだけ予算がそこにかかるのかもわからず、保管場所にも困ってしまう。なので、対応の必要が発生する。

　ウェブ上の記事からの例であり、多くは日常会話の口頭表現に現れるもの

である。国語辞典にはのっていない。もちろん，文中における「なので」は辞書にもあり，連語の中身の品詞や語構成を含めて説明すれば大体次のような説明となる。

> 断定の助動詞「だ」の連体形または形容動詞の連体形活用語尾＋接続助詞「ので」(準体助詞「の」＋格助詞「で」から)…だから。…であるから。「雨なので学校を休んだ」

同じような意味を持つ「だから」はすでに文頭に現れる用法が確定していて，次のように辞書でも接続詞として説明されている (デジタル大辞泉)。

> [接]《断定の助動詞「だ」＋接続助詞「から」から》前に述べた事柄を受けて，それを理由として順当に起こる内容を導く語。そうであるから。それゆえ。「親切な人だ。—みんなに好かれる」

問題は，すでに接続詞としての「だから」や「ですから」があるのに，なぜ「なので」が新たに使い始められたかである。もちろん，語構成が「だから」と「なので」はほぼ対応しており，その意味で，文中の用法から文頭の用法へと機能を広げることはわかる。しかし，新たに用いられるにはそのことの必要性があると考えるべきであろう。

こうした問題を多く取りあげている『問題な日本語』で，矢澤真人は次のように説明している[3]。

> 「だから」「ですから」は「から」、「なので」は「ので」を含む語ですから、この「ので」と「から」の違いを反映させようとしたのだと推測されます。「ので」と「から」では、「ので」は客観的で「から」は主観的だとか、「ので」の方が少し丁寧だとか言われます。「だから」では、理由をごり押しする感じがするが、「ですから」では、畏まり過ぎるか気取り過ぎるというので、「なので」の出番となったのでしょう。

そして,「だ」「な」がいずれも断定の助動詞の異なった形ながら,「な」で始まる接続詞は少ないが,「なら」「なれど」に加えて,「なのに」が接続詞として用いられるようになったことの影響もあって,「なので」が用いられ始めたと推定している。

なお,「から」が主観的で「ので」が客観的であるという違いに関連して,「なので」のほうが因果関係が緊密だという指摘もある。

　　○いい子だね。だからもう寝なさい。
　　×いい子だね。なのでもう寝なさい。

(3) 学習デザインの方向

「なので」を用いて学習デザインをする際には,たとえば,次のような学習が考えられる。

① 「なので」の用例を探す(当面はウェブ上などで「。なので」で検索するか,会話から探すしかない。新聞記事や文学作品の用例はまだ探しにくい)。
② 「だから」とどう違う感じがするか,例文をあげたり作ったりしながら考える。
　　どちらも可能
　　　○朝から雨が降っている。だから学校は休みにした。
　　　○朝から雨が降っている。なので学校は休みにした。
　　一方のみ可能
　　　○いい子だね。だからもう寝なさい。
　　　×いい子だね。なのでもう寝なさい。
③ 「なので」は接続語(接続詞)としてずっと使われていくかどうか予想して,討論する。

こうした学習を通じて,文法を考えるうえでの用語や,見方がわかり,自らの言語体系を見直す契機としての文法の役割を理解するようになる。メタ言語としての文法の意味がわかれば,退屈で無意味な文法学習という印象は

弱まるだろう。

(4) 題説構文と叙述構文

「は」と「が」の違いに関連して、学校文法において題説構文と叙述構文との区別が無視されていることは根本的な欠陥であるとされる。小池清治(1994年)は、題説構文について次のように述べている[4]。

> 題説構文は、言語主体(話し手・書き手)が、表現しようとする事柄を題目部と解説部の二つに分け、言表内容が一般的恒常的なものであるということを、あるいは個人的意見や一時的意向を、自己責任のもとに表現しようとする際に採用する文型である。同等の重さを有する二部構成の表現ということから、これを天秤型構造という。題目部であることを示すためには多くの形式があるが、基本的に係助詞ハで提示される。

そして、次のような会話を例に、題説構文はダイアローグ的であり、叙述構文はモノローグ的であることで主語のあとに述語の存在が予告されていることを端的に示している。

　　夫　桜は(どうだった)？
　　妻　八分咲きというところだったわ。
　　夫　道路は(どうだった)？
　　妻　ひどい渋滞だった。

　　夫　桜が……。
　　妻　桜が　どうしたの　？
　　夫　散っちゃってた……。
　　夫　道が……。
　　妻　道が　どうだったの　？
　　夫　こんでた……。フゥ……。

いわゆるウナギ文（奥津敬一郎が提起した「僕はウナギだ」がなぜ意味をなすかについて多くの文法研究者が発言している）なども教材としては面白い。さまざまな学説をみながら，子どもたちでもその意味を考えることのできる素材として用いることができる。

　学校文法は不完全なものでありながら，現在までそれに代わる体系が示されないなかで，教科書における文法学習は，十分には新しい研究成果をとりこめないでいる。新しい研究成果を取り入れながら，教科書教材を出発点に子どもたちにとって意味のある主体的な学習をデザインしていくことが必要である。

> 確認問題

1　「は」と「が」の働きの違いについての説明を調べ，その1つか2つの考え方についてまとめよう（文献もたくさんあるが，ウェブ上でも文法についてはさまざまなサイトがあり，議論もなされている）。
2　小学校国語科教科書から文法の単元（多くは2ページ程度）を1つ紹介し，それを発展させるような学習プランの骨子をたてよう。
3　いわゆる「ら抜き」「さ入れ」言葉について調べ，学習に取り入れる方向性についての自分の考えをまとめよう。

引用文献
1)　町田健　http://www.alc.co.jp/jpn/kentei/nafl/09.html
2)　糸井通浩「「学校文法」への提言――「文節」をどう位置づけるか，をめぐって」『京都教育大学紀要』Ser.A No. 81，1992年，p.53
3)　矢澤真人「なので」北原保雄編（2004年），pp.44-46
4)　小池清治（1994年），pp.60-63

より深く学習するための参考文献
・北原保雄編『問題な日本語』大修館書店，2004年
・北原保雄編著『続弾！問題な日本語』『問題な日本語その3』大修館書店，2005年，2007年

・小池清治『日本語はどんな言語か』筑摩新書，1994年
・原沢伊都夫『日本人のための日本語文法入門』講談社現代新書，2012年
・町田健『まちがいだらけの日本語文法』講談社現代新書，2002年

第14章

日本語の特質（語彙）

　国語教育は今後いっそう「言語活動の充実」が求められており，豊かな語彙力を身に付けることが国語科の果たすべき役割の一つであるといえよう。

　語彙とは語句の集まり，また，ある語の総体のことと定義される。「小学校学習指導要領」では語句に関する指導事項として大きく「語句への理解」「語句の構成・由来」「辞書の利用」「語感」などが挙げられる。

　言語活動の充実のためには，語彙を増やすことが大切となる。また，相手意識や適切に自分の意見や考えを表現することや「語感」を磨く指導が重要となる。

キーワード

　　　語句　まとまり　辞書　語感　ことばの海

1　語彙とは

（1）学習指導要領における位置付け

　語彙とは「言語の基本となる単位の一つである語を，その一つ一つの語としてではなく，語全体をまとまりとしてみる名称」[1]のことである。したがって，語彙とはある範囲の語句の集まりや複数の語のまとまった総体を示す。そもそも言葉の量が不足していれば，話すこと・書くことといった「表現」が思うようにはいかない。また，言葉の意味を理解していなければ，聞くこ

と・読むことといった「理解」をすることはできないだろう。

　2008（平成20）年の「小学校学習指導要領」において，語彙に関する事項は，〔伝統的な言語文化と国語の特質に関する事項〕の中の「ア　伝統的な言語文化に関する事項」と「イ　言葉の特徴やきまりに関する事項」にまとめられている。

　語句・語彙に関する内容は次のように示されている。

　　第1学年及び第2学年
　　　(ウ)言葉には，意味による語句のまとまりがあることに気付くこと。
　　第3学年及び第4学年
　　　(オ)表現したり理解したりするために必要な語句を増し，また，語句には性質や役割の上で類別があることを理解すること。
　　　(カ)表現したり理解したりするために必要な文字や語句について，辞書を利用して調べる方法を理解し，調べる習慣を付けること。
　　第5学年及び第6学年
　　　(エ)語句の構成，変化などについての理解を深め，また語句の由来などに関心をもつこと。
　　　(オ)文章の中で語句と語句との関係を理解すること。
　　　(カ)語感，言葉の使い方に対する感覚などについて理解すること。

「学習指導要領解説国語編」によれば，第1学年および第2学年では「言葉が小さな意味の単位である語句によって構成され，それらの語句が意味のまとまりによって語句の集合体（語彙）になっていることに気付く」とある。

　厳密に言えば，語句という用語は個々の語句を個別的にとらえ，他方，語彙という用語はまとまり，分類・類別ととらえている。学習指導要領の中では「語」あるいは「語句」という用語を用いているが，「語」は言語の要素的な単位であり，最小の単位のまとまりのことである。ここで「語句」とあるのは学習段階に合わせたためであろう[2]。

　つまり，「語彙」とは「意味による語句のまとまり」のことであり，たとえば，1つのある語句を中心として，同義語や類義語，対義語など，その語句

とさまざまな意味関係にある語句が集まって構成している。学習者はそのまとまりに気づくことが大切となる。

　第3学年および第4学年では，語句の量と範囲，性質と類別に関する事項である。児童の発達段階に応じて語句を拡充するためには，それぞれの語句がどのような性質をもち，その語句を類別できるようになることが大切であると示されている。語句を拡充するためには，「物の名前を表す語句，動きを表す語句，様子を表す語句」など類別して，語句を関連させながら指導することが重要である。

　また，従来の学習指導要領では，第3学年および第4学年においては「辞書を利用して調べる方法を理解すること」，そして第5学年および第6学年においては「辞書を利用して調べる習慣を付けること」となっていた。

　しかし，今回の改訂では，第3学年および第4学年で「辞書を利用して調べる方法を理解し，調べる習慣を付ける」とまとめられている。このことは中学年において辞書を利用して調べる習慣を身に付けることの重要性が示されているといえよう。

　現行の辞書は『日本国語大辞典』(小学館)や『広辞苑』(岩波書店)といった大辞典をはじめ擬音語・擬態語辞典，類語辞典・類義語辞典，外来語辞典，慣用句辞典など「知りたいこと」へ到達する環境にある。一般的に小学校の低学年から使用できる辞典は約3万5千語前後である。

　ところで，教科書の中の意味調べや新出漢字の語句だけを辞書で調べるという，辞書を利用して調べるという行為自体について形骸化してはいないだろうか。実際に学校によっては，辞書を利用する習慣を身に付けるためにさまざまな工夫を凝らしている。国語辞典や漢和辞典など手元に置いてすぐに調べることができるような言語環境づくりが整っている学校もある。たとえば，ページの見出しに付箋を貼ったり，メモをとったりする。このように一度調べたことを目に見えるようにしておけば，児童の学習意欲も高まるだろう。

　言葉の意味や用法を深く理解すること，またそして表現できるようになることは，日常生活を通して辞書で調べる習慣を身に付けることと密接につながっている。

(2) 語彙の種類

　現代の日本語の語彙の種類はさまざまである。

　日本語の語彙体系をとらえるために語彙を意味によって分類したものがシソーラス(thesaurus)である。シソーラスとは，ある言葉の意味上の同義語や類義語や対義語など相互の包含関係などによって分類されたデータベースのことである。

　1964(昭和39)年に国立国語研究所から出版された『分類語彙表』は，2004(平成16)年にも『分類語彙表　増補改訂版』が出版され，収録語数，延べ約9万6千語が収録されている。部門はそれぞれ次のとおりである。

　　・体の類(名詞類)
　　・用の類(動詞類)
　　・相の類(形容詞類)
　　・その他の語類

　それぞれ部門別に分けられ抽象的関係，人間活動の主体，人間活動(精神および行為)，生産物および用具，自然物および自然現象，その他の語類の観点に設定されている。

　体の類(名詞類)は，「何，何ごと，何もの，どれ，だれ，いつ，どこ，いくつ」などの概念を表す語と，それらを問いとした際の答えとなるべき語が収められている。用の類(動詞類)は，「ある」に関連するもののほか「どう，どうだ，どんな，どんなに」などの答えとなるべき語が収められている。相の類(形容詞類)は，「ない」に関連するもののほか「どう，どうだ，どんな，どんなに」などの答えとなるべき語を収めている。その他の語類は，いわゆる接続詞，感動詞，副詞などの類が収められている。

　そのほか，語彙は父母・兄弟など親族関係を表す語彙のまとまりを親族語彙といい，色彩の名称のまとまりを色彩語彙という場合もある。具体的には，次のような語彙である。

　　・身体語彙……頭，胴，手，足など

第 14 章　日本語の特質（語彙）

・親族語彙……父，母，叔父，叔母，甥，姪など
・色彩語彙……青，緑，白，赤，カーキ，オレンジなど
・感情語彙……安心，うれしい，あいにくなど
・数詞・助数詞……1人，2つ，3冊，これほどなど
・オノマトペ……ザーザー，しとしと，どきどきなど

身体語彙について詳しく図示したものが次の図表14-1である[3]。

図表14-1　現代の身体語彙

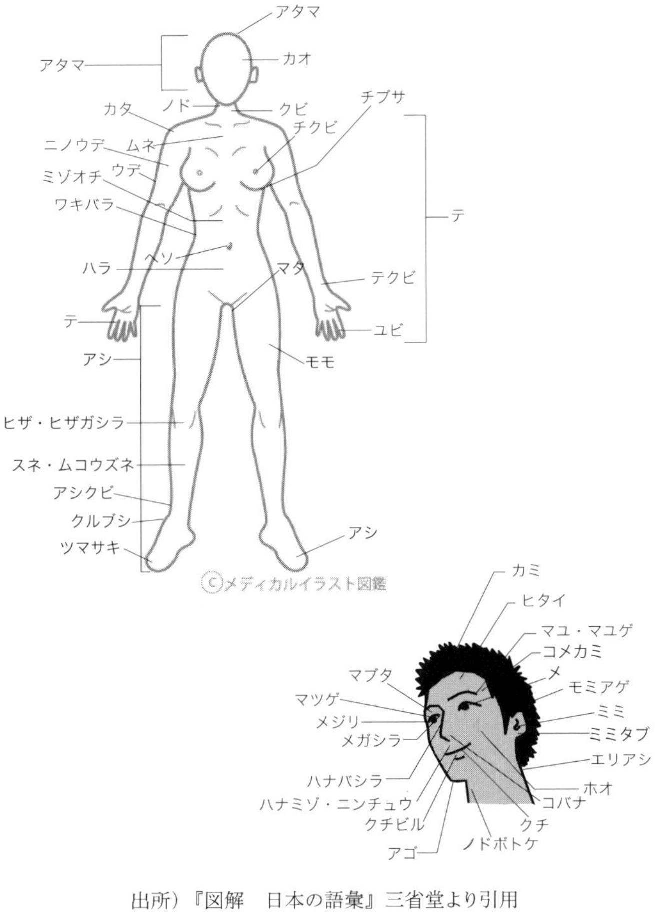

（全身図ラベル）アタマ，カオ，ノド，カタ，クビ，チブサ，チクビ，ニノウデ，ムネ，ミゾオチ，ウデ，ワキバラ，ハラ，ヘソ，マタ，テ，テクビ，ユビ，テ，アシ，モモ，ヒザ・ヒザガシラ，スネ・ムコウズネ，アシクビ，クルブシ，ツマサキ，アシ
Ⓒメディカルイラスト図鑑

（顔図ラベル）カミ，ヒタイ，マユ・マユゲ，コメカミ，メ，モミアゲ，ミミ，ミミタブ，エリアシ，ホオ，クチ，コバナ，ノドボトケ，アゴ，クチビル，ハナミゾ・ニンチュウ，ハナバシラ，メガシラ，メジリ，マツゲ，マブタ

出所）『図解　日本の語彙』三省堂より引用

185

また，語彙の体系は大きく上位語・下位語に分類される。「ある語が別の語と含み含まれるという関係にある場合を，階層関係（包含関係）と呼び，含む語を上位語，含まれる語を下位語と呼ぶ」[4]のであるが，語彙の一部を取りあげてこの体系を具体的にとらえてみたい。図表14-2は，「魚」[5]の語彙体系である。魚には「いわし」「さば」「たい」など多くの種類がある。

　この中で語彙体系の一番上位にある語を上位語という。そして，その下方にある語が下位語である。上位語は下位語を示す意味・内容を含んでいる。ここでは「魚」が上位語であり「まいわし」「うるめいわし」などは下位語である。

　ところで，言葉の意味上として対義語にもなり，類義語にもなるまとまりがある。たとえば，「父」「母」は親族語彙として直系親族というまとまりになるが，男性・女性となると対義語のような相違・対比としてのまとまりがある。つまり，語彙を体系でとらえる場合，類義関係でなすまとまりと相違関係でなすまとまりとがあり，それらを使い分けられることが言葉の世界を広げることに大きく関わってくるといえる。

図表 14-2　魚の語彙体系

```
                    ┌─────┐
                    │  魚  │                    上位語
                    └─────┘                      ▲
            ┌─────────┼─────────┐               │
         ┌─────┐  ┌─────┐  ┌─────┐              │
         │いわし│  │ さば │  │ たい │              │
         └─────┘  └─────┘  └─────┘              │
      ┌─────┼─────┐                              ▼
   ┌─────┐┌─────┐┌─────┐                       下位語
   │まいわし││うるめいわし││片口いわし│
   └─────┘└─────┘└─────┘
```

図表 14-3　魚の語彙体系

```
              ┌─────┐
              │  魚  │                    上位語
              └─────┘                      ▲
       ┌────┬────┼────┬────┐              │
    ┌────┐┌────┐┌────┐┌────┐              ▼
    │稚魚││幼魚││若魚││成魚│             下位語
    └────┘└────┘└────┘└────┘
```

出所）図表14-2・3はともに『図解　日本の語彙』三省堂をもとに作成

2 ことばの海（位相）

(1) 語彙量とは

いったい，日本語にはどれくらいの語彙があるのだろうか。語彙の総量を「語彙量」という。語彙量は「ボキャブラリーが多い」あるいは「ボキャブラリーが少ない」とよく表現されるが，言葉の数が物事を知る，あるいは知らないと置き換えられることがある。日本語は外来語を含め，新語やオノマトペなど日々さまざまな言葉が生まれている。新語とは，時代とともに新たにつくられ，一般にはまだ浸透しないため違和感を覚える新しい語のことであるが，現代においては，コンピューター用語やビジネス用語，日常生活に用いられるこの新語が溢れている。

森田良行は位相語の多様性として次のように述べている[6]。

> ある言語に属する個々の単語の総体を，その言語の"語彙"と称する。語彙は文法などと違って資産的な面が強く，その言語を支える単語の総数（語彙量）やその増減，語種の片寄り，使用面での位相差などが問題である。位相とは，性・職業・年齢などの違いに応じた言葉の違いで，日本語では語彙の使い分けに最もよく現れる。

位相の多様性や複雑さについて，社会方言の一つである「若者言葉」をもとに考えてみたい。若者言葉とは，若者と呼ばれる人たちが使う若者言葉である。時代とともに変化し，すでに使われなくなった言葉もあれば，今も使われている言葉もある。若者言葉には帰属意識や仲間意識をもたらす働きがあるため，使用することでその連帯感が強まるようである。

この若者言葉というのは，乱れた日本語として批判されることが多い。たとえば「きもい，うざい」のように短縮化した言葉や「やばい」のように従来の意味を拡大した言葉が見られる。「マジ」「やばい」をイントネーションの使い分けだけで何事も済ませそうな傾向がそのように取られるためであろう。

しかし，すべての若者と呼ばれる若者が若者言葉を使用するわけではない

ということを理解しつつ，将来を担うすべての若者の語彙を今以上に豊かにすることは喫緊の課題ではないだろうか。

さて，ここで語彙が「理解語彙」と「使用語彙」とに分けられることについて述べてみたい。聞いたり読んだりして理解する語彙のことを理解語彙という。対して使用語彙とは，話したり書いたりして使用する語彙のことである。

一般的には，自ら使用することがなくても理解することができる語彙を含むため，使用語彙よりも理解語彙のほうが多いといわれる。そして，現代日本の成人の理解語彙は約2万語から約5万語程度といわれている。

個人の語彙量のうち，日常における使用語彙は3千語程度で間に合うといわれている[7]。たとえば，古典や漢文などの文章は学んで読解することができるようになっても，いざ自ら表現するとなるとなかなか難しくなるのではないだろうか。このように「読めるけど表現することができない」場合は使用語彙ではなく理解語彙となる。

語句・語彙を増やすためには，辞書で調べる習慣とともに本を読む習慣を身に付けることが効果的であるが，小林一仁は「話や文法を学習する上で，一つ一つの語句は切り離されているのではなく，或る内容を表すために文脈中にそれぞれ一語句として具体的に意味を持ち働き使われている」[8]としている。たとえば，学びの過程のなかでまだ知らない語句が出現した場合，その文脈中での意味を理解し習得する。その過程や繰り返しが語彙を習得することにつながっていく。

塚田泰彦によれば「読者が自らの既有知識を表現するマッピング活動を通して語彙構造体としての文章と出会えば，文章の理解は促進される」[9]と述べている。語句の性質をもち類別する方法としてマッピング法がある。知識を引き出し，発想を広げる方法であるが，テーマを設け，テーマに関するキーワードから連想した言葉を結び付けていく。この中から，目的や類似，比較，特徴，具体例などがあがり，さらに語彙を増やしていき，発想が広がっていく。しかしながら，語彙の数量を増やすことだけが教育の目的ではないということを忘れてはならない。言葉を的確に理解し，論理的に思考し表現する能力が求められるのである。

また，日本語の語彙をその出自によって分けたものは「語種」といわれる。それらは次のように分類される。

- 漢語―中国に由来する語
    例：人間，男女
- 和語―日本固有とされる語
    例：人（ひと），母（はは）
- 外来語―16世紀外国語から借用した語
    例：ガラス，パン

漢語は中国から借用した語のことで漢字の字音を用いたことから字音語ともいう。和語（やまとことば）は，日本固有の語と考えられるが，実は系統が曖昧であるため不明な点が多い。

漢語は，中国から入ってきた語であるので外来語の一種ではあるが，すでに，熟語として浸透しているため外来語とは区別される。

外来語とは，ポルトガル語，オランダ語，英語，フランス語，ドイツ語など主として西洋から入ってきた語を示す。

また，2つ以上の異なる語種の合成が混種語と呼ばれる。たとえば，次のような言葉である。

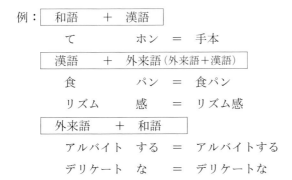

語種の比率としては和語が全体の半数を占め，漢語・外来語や混種語が合

わせてその半数を占める。

（2）さまざまな語彙

　日本語の特徴として，故事成語やことわざ，慣用句などさまざまな語彙がある。

　故事成語とは，中国の古典に由来する言葉である。故事とは「昔から。古くから」という意味で，成語は「慣用的に用いられる言葉，ことわざ，格言」の意味をもつ。語彙をさらに身に付けるためには，さまざまなエピソードを通して故事成語などの意味を知り，使うことができるように指導することが求められる。

　たとえば，晋の車胤は蛍の光で，孫康は雪明かりで書を読んだことから苦学しながら学問に励むその成果の「蛍雪の功」（『晋書』）や，「五十歩百歩」（『孟子』）や「矛盾」（『韓非子』）などはその物語を知ってはじめて意味するところが理解できるだろう。

　また，ことわざ（諺）については，古くから言い伝えられてきた教訓や風刺の意味を含む短い言葉のことである。たとえば，「馬の耳に念仏」や「猫に小判」などは小学生にもわかりやすいだろう。

　ことわざは，「情けは人のためならず」のように人生の教訓や，「頭隠して尻隠さず」のように批判・風刺，また「風邪は万病のもと」のように生活の知恵から言葉になっている場合が多い。比喩的表現や対比，語呂合わせなどの表現が特徴的であり言葉の面白さを知ることができる。

　さらに，慣用句は２つ以上の語が結び付いて用いられて，特定の意味を表すようになった言葉のことである。たとえば，体の部分に関連する慣用句（例：耳・目・手・口・頭・足）や動物に関する慣用句（例：牛・馬・猫）や食べ物に関する慣用句はリズムがあり，言いやすいものや類義語や対義語になるなど，どれも生活体験からきた社会常識を示す内容が多いのが特徴的である。

　次に，同音異義語・同訓異字語について述べてみたい。日本語の特徴の一つとして，日本語には同音語が多いということが挙げられる。これは日本語がおもに漢語から由来するものと考えられる。たとえば，タイショウという

同音異義語は「対象・大正・大賞・対照・大将・対称」など多数挙げられる。
　同訓異字語は，異なる漢字であるが，同じ訓を有するものの組み合わせである。2014(平成26)年2月，文化審議会国語分科会が『「異字同訓」の漢字の使い分け例』を公表した。たとえば，「あく・あける」は次のように示されている。

　　【明く・明ける】
　　　目が見えるようになる。期間が終わる。遮っていたものがなくなる。
　　　子犬の目が明く。夜が明ける。年が明ける。喪が明ける。らちが明かない。
　　【空く・空ける】からになる。
　　　席が空く。空き箱。家を空ける。時間を空ける。
　　【開く・開ける】ひらく。
　　　幕が開く。ドアが開かない。店を開ける。窓を開ける。そっと目を開ける。

　この使い分け例の用例が具体的に示された背景には，日常生活においてその使い方が多々混乱が見られたためと推測できる。同音異義語や同訓異字語は，漢字の使い分けで意味の違いを理解することができ，言葉を使い分けることによって語彙をさらに身に付けることができるようになるといえる。

(3) 語感を磨く
　「語感」とは言葉に関する感覚，言語感覚のことである。ニュアンスという意味合いをもつが語彙に関しては語そのもののニュアンスとしてとらえられる。
　2004(平成16)年の文化審議会答申において「これからの時代に求められる国語力について」では語彙は知的活動の基盤を成すと示されている。また，「言語活動の充実」が求められており，豊かな語彙力を身に付けることは国語科の果たすべき役割の一つであると言えよう。
　それでは，どのように語感を磨くことができるだろうか。

次の文章は「大造じいさんとがん」(5年国語上，教育出版，2010年)の中で，大造じいさんの心情が想像できる叙述である。

- 秋の日が美しかった。
- あかつきの光が、小屋の中に、すがすがしく流れ込んできた。
- <u>青くすんだ空。</u>
- 東の空が真っ赤に燃えて朝が来た。
- ある晴れた春の朝だった。
- らんまんにさいたすももの花が、その羽にふれて、雪のように清らかにはらはらと散った。

（※下線筆者）

「大造じいさんとがん」は，大造じいさんが，がん（残雪という名）を捕えようといろいろな作戦をするが，なかなか捕えることができない，その状況のなか，大造じいさんに気持ちの変化が生まれ，情景描写を想像しながら読むということがこの話の概観である。

「学習指導要領」における位置付けで取りあげたように，「(カ)語感，言葉の使い方に対する感覚などについて理解すること」（第5学年及び第6学年）の言葉の使い方に関する感覚は，まさにこのような場面で学んでおきたい。

ここで，色彩語彙の観点から「青くすんだ空」の青のイメージについて考えてみたい。古代の日本語の色彩語として，赤い様子は「あかし」というように明るい様子を表している。反対に，黒い様子は「くろし」，「くらし」と密接な関係を持っていたという。この「青」については次のように現代ではイメージされる。

- 悪いイメージ（暗い・血の気がない・未熟）
  例：青白い，青色吐息，青臭い
- 良いイメージ（新鮮・清涼感・安全・落ち着き）
  例：青葉，蒼い山脈，青空，青信号

この「青くすんだ空」は，よいイメージの中の新鮮，清涼感のある青をイ

メージさせる。このように色彩一つを挙げても，想像力が広がるのであるといえる。
　また，擬態語・擬音語をあわせて「オノマトペ」というが，日本語はこのオノマトペが豊富な言語であるといわれている。一般に，聴覚刺激を言語化した擬音語は片仮名で，視覚・触覚などを言語化した擬態語は平仮名で表記されることが多い。
　たとえば，「大造じいさんとがん」の中には次のような擬態語・擬音語の表現が用いられている。

- ・わくわく
- ・ぴいんと
- ・びりびり
- ・ヒュ，ヒュ，ヒュ
- ・グワーグワー
- ・ばたばたと
- ・ピュ，ピュ，ピュ
- ・ふらふら
- ・バシッ！

　この擬態語・擬音語に着目することによって表現をより豊かにすることができる。
　たとえば，次のような短文があるとしよう。

　　例：水が　　　　流れる。
　　→水が□□□□流れる。

　□□□□の中に「ちょろちょろ」を入れると少しずつ流れる様子が伝わる。また，「ポタポタ」だと水滴が落ちている様子や音が伝わるだろう。このように日常生活にある擬態語・擬音語に気づき，文や文章にすることによって豊かな表現力を身に付けることができるようになる。
　語彙力を身に付けることは，言葉の意味を理解するだけではない。それを自らの言葉として表現し，自らの生活に生かすことができるようになることが大切なのである。
　また，数詞と助数詞について，語彙と大いに関連する内容であるためここ

で述べておきたい。数え方を示す言葉を助数詞と呼ぶ。数詞とは数字の部分である本数詞（数詞）と性質や単位を表す助数詞とからなる。この数詞には「たくさん，すべて，大勢，多く，多少，少数，いくらか，大部分，半分，全部」のような副詞や名詞，「これほど，このくらい，いくつ，いくら，何人」のような不定数詞を含む。

　小学校低学年であれば，物の数え方について注意して指導する必要がある。

　たとえば，一日は「ついたち」，二十日は「はつか」などと特別な呼び方をする。数を数える場合に「いち，に，さん」と数えたり，物の場合には「ひとつ，ふたつ，みっつ」と数えたりする。

　水ならコップに1杯，滴なら1滴というように物を見て判断して区別して用いることができるようにすることは，この語彙の指導と大きく関わる内容である。

　数詞は，文の中のいろいろな位置に置くことができることも特徴の一つである。

- 本を買った。（もとの文）
- 本を3冊買った。
- 3冊の本を買った。
- 本3冊を買った。

さらに，助数詞は組み合わせによって音変化することも忘れてはならない。たとえば，数字による音の変化である。

- 1本（イッポン）1回（イッカイ）1足（イッソク）1階（イッカイ）
- 3本（サンボン）3回（サンカイ）3足（サンゾク）3階（サンガイ）
- 6本（ロッポン）6回（ロッカイ）6足（ロクソク）6階（ロッカイ）
- 8本（ハッポン）8回（ハッカイ）8足（ハッソク）8階（ハッカイ）

「本」は2本，5本，7本，9本は「ホン」だが4本は「ホン」または「ボン」となる。

このように，助数詞が濁音や半濁音となったり，促音や撥音となったりする場合があるなど複雑であるため，低学年に限らずこの助数詞については一つひとつ確認しておく必要があるだろう。

そのほか，語彙の拡充の方法として実践的活動例を挙げてみよう。

・短歌を作る
・１分間スピーチ
・言葉の足し算
・ブレーンストーミング
・部首探し

以上，日本語の特質である語彙について述べてきたが，現代社会に生きる我々にとって語彙量というのは膨大である。語彙の拡充は，毎日繰り返し，教育現場で目指されていることであるが，子どもたちの語彙を豊かにするということはけっして容易なことではない。しかしながら，語彙の指導は教師の工夫やアイデアで大きく広がる可能性を持つ。語彙の豊かさとは，自分の意見や考えを表現すること以上に相手のことを考える国語の基礎となる能力を培うことである。また，語彙を豊かにすることとは，語感の美醜，新古，詩性をきわめるということであり，国語科の教科目標として取りあげられる大きな意味があるといえる。

> 確認問題

1　次の物を数えるとき，どのような助数詞を使うか。
　　(1) 椅子　(2) 鯨　(3) タイヤ
2　慣用句は身体・動物・植物・食べ物に関する内容が多い。児童に対して，次の(1)～(5)までの中から慣用句を辞書で調べ，日常に生かすようにするためにはどのような工夫が必要となるのか答えよう。
　　(1) 耳　(2) 目　(3) 手　(4) 口　(5) 胸
3　第5学年，第6学年の児童が学ぶのにふさわしい「ことわざ」を選び出

し，リストにまとめ，短い説明文をつくろう。
4　第1学年，第2学年において，語彙力を身に付けるための語彙力ゲームを行う場合，どのような内容と形式にするか，その流れを説明しよう。また，どのような点に配慮する必要があるのか具体的に指摘しよう。

引用文献
1) 田近洵一・井上尚美編『国語教育指導用語辞典』教育出版，2009年，p.25
2) 大槻和夫編『国語科――重要用語300の基礎知識』明治図書出版，2001年，p.9
3) 沖森卓也他『図解　日本の語彙』三省堂，2011年，p.71
4) 同上，p.52
5) 前掲3）と同，p.46
6) 森田良行『語彙とその意味』アルク，1991年，p.87
7) 前掲1）と同
8) 小林一仁「辞書を引く習慣・本を読む習慣を養う」『教育科学／国語教育3』2010年，p.8
9) 塚田泰彦『語彙力と読書――マッピングが生きる読みの世界』東洋館出版社，2001年，pp.42-47

より深く学習するための参考文献
・『現代日本語講座第4巻語彙』明治書院，2002年
・『日本語大シソーラス』大修館書店，2003年
・『反対語対照語辞典』東京堂出版，1989年
・『標準ことわざ慣用句辞典』旺文社，1988年
・『分類語彙表　増補改訂版』大日本図書，2004年
・『類語新辞典』三省堂，2005年
・『例解　慣用句辞典』創拓社，1992年

第15章

思考力

「小学校学習指導要領」では，言語活動を通して知識・技能の活用を図りながら思考力を育てることが重視されている。国語科で育てる思考力とは，比較・分類・関係づけ・抽象－具体といった言葉を操作する能力である。そういった能力を育てるためのミニ単元の具体例「比較」「分類」について述べる。また，読みの学習のなかで「比べ読み」がどのように展開されるのかを見てみよう。

キーワード

思考力　言語活動　比較　分類　系統　他者との関わり

1　学習指導要領と思考力

(1) 言語活動と思考力

2008（平成20）年告示の「小学校学習指導要領」では，「言語活動の充実」が求められている。学習指導要領でいう言語活動とは対話，記録，報告，要約，説明，感想といった，子ども自身が主体的に読んだり，他者を意識して話したり書いたりする活動である。これらが，指導すべき内容として明示されたのは，こういった他者を意識し伝え合うことを想定した言語活動を展開することで，知識・技能を活用して課題を探究することのできる国語の能力を身につけ，実生活に資するためである。また，「PISA型読解力」を強く意識し

たものであり，さまざまな人々とコミュニケーションをとり，創造的な解決方法を見つけながら生きていくために必要な力を培おうとするものである。松本修[1]は，「言語活動の充実」に関わって，国語科の特性を次のように示している。

> 国語科の学習においては，「思考力・判断力・表現力など」は，完全に分離できるものではない。また，「活用」の活動が，「基礎的・基本的な知識・技能」を完全に「習得」したあとに行われるような構造にはならない。むしろ一体の学習活動・言語活動を通じて「習得」と「活用」が同時に可能になると考えるべきであろう。

国語科の学習においては，実際の言語活動を通して，知識や技能を活用することによって習得が図られるという考え方である。では，知識・技能を活用し，思考力を育てるための言語活動とはどのようなものだろうか。そこには，次の２つの要素がある。

①子どもたちが自ら目的意識をもって課題を解決するような探究的な課題のある活動
②他者との関わりを通して考えたり，表現したりする活動

たとえば，「町じまんを紹介するパンフレットをつくる」という言語活動を展開するとしよう。ここでは，「この町のよさをたくさんの人に知ってもらうために，町の魅力をわかりやすく書くこと」が探究課題となる。まず，パンフレットとはどんなものかを知り，見出し，図や絵の効果的な使い方や紹介文としての文章の書き方，レイアウトの仕方などをモデルとなる教材文から理解する。しかし，理解しただけでは学習したとは言えない。実際に，町のようすを調べたり，体験したりして情報を集め（生活科や総合的な学習の時間との連携），必要な情報を選び，整理し，構成し，記述するといったプロセスを辿ることでようやく「書く力」として習得される。こういった一連の探究的なプロセスには，読んだり書いたりするための知識や技能と，他者と関わり

つつ思考し，判断し，表現する場面が必然的に組み込まれてくる。教師は，探究的な言語活動をデザインし，そこに必要な知識や技能を明確に位置づけておく必要がある。

(2) 国語科における思考力

国語科で育てるべき「思考力」とは，どのようなものであろうか。小学校国語科の学習指導要領解説において，国語科の教科目標の解説[2]において，「思考力」を「言葉を手掛かりとしながら論理的に思考する力」と示されており，認識力や判断力と関わりがあることが述べられている。しかし，それが「どのような力，何をどうする力」であるのか，見えにくい現状がある。

国立教育政策研究所が作成している「観点別学習状況の評価の観点及びその趣旨」[3]に示されている国語科の評価の観点に「思考」や「考える力」が項立てされていないことも，国語科における「思考力」の何たるかを見えにくくしている一因となっている。他教科では，「社会的な思考・判断」(社会科)，「数学的な考え方」(算数)，「科学的な思考・表現」(理科)のように，観点として「思考」「考え方」が示されている。たとえば，理科の「科学的な思考・表現」の観点には次のような事項が記載されている[4]。

> 自然の事物・現象から問題を見いだし，見通しをもって<u>事象を比較したり，関係づけたり</u>し，<u>条件に着目したり，推論したり</u>して調べることによって得られた<u>結果を考察</u>し表現して，問題を解決している。

(下線は引用者による)

問題解決の過程において，下線部に示したような方法で思考を展開することが理科において育む思考力であることが伝わってくる。指導者は，「こういうやり方で考えさせる」という思考の方法を意識して授業を構想することができるのだ。

では，国語科では，どのような思考力を身につけさせるべきなのか。国語科教育は，言語を直接に扱う教科であり，言語を使うことと思考することは密接に結びついているという考えからすると，国語科で言語的思考(言語を介

した思考）の能力を育むことは重要である。現在，さまざまな研究者がそれぞれの立場から国語科における思考について論じている。

井上尚美は，日本の国語科教育でいうところの「論理的思考」を次のように大きく3つに分けてその概念を示している[5]。

（1）形式論理学の諸規則にかなった推論のこと（狭義）
（2）筋道の通った思考、つまり文章や話が論証の型式（前提－結論、また、主張－理由という骨組み）を整えていること
（3）広く直感やイメージによる思考に対して、分析、総合、抽象、比較、関係づけなどの「概念」思考一般のこと

現在の国語科教育においては，(2)のような論証の型式を整えることが強調されているが，(3)のような概念思考一般の指導も必要である。

また，浜本純逸は，論理的思考力は，比較したり分類したりする知的操作活動の過程において育つので，「比べる」「分ける」「類推」などの活動をさせる場面を意図的に設定することの必要性を示唆し，言語による論理的な思考を次のように系統化している[6]。

図表15-1　浜本純逸の論理的思考の系統化

小1・2	小3・4	小5・6	中学高校
観察	情緒	理性	→
	比喩		→
分ける	分類	範疇化	→
比べる	対比・類比	推論（類推・帰納・演繹）	
選ぶ	価値づけ	判断	
順序	関連づけ	線条化	構造 →
	分析（具体）・総合（抽象）		→
	意見	批評	→

こういった示唆を受け，国語科において育む思考を言葉を操作する知的活

動として捉え，次のような8種類の言語操作を教えることが，論理的な思考の基礎的な力を育てると考える。また，どの学年段階で，どのような学習をするべきかという視点から系統化したのが図表15-2である。これら8種類には，構成要素と分類概念に重なりがあるため，並列の関係にはなっていない。論理的に思考するために，もっとも基礎になるのは，「比較」「分類」「関係づけ」という操作であり，それらには「抽象-具体」という概念操作が伴う。〈もの〉〈こと〉〈ことば〉を比較したり，分類したり，関係づけたりする思考によって，根拠と主張の関係を推論したり判断したりすることができる。したがって，論理的に思考する力をつけるには，比較，分類，関係づけといった操作を積極的に学習の中に取り入れることが大切である。

図表15-2　思考の方法の系統

学年段階＼種類	比較	分類	関係づけ	抽象と具体	推論	構造化	根拠・理由づけ
低学年	くらべる ・同じ ・違う	分ける ・共通点	順序	なかまの言葉	予想	順序	わけ
中学年	比較する ・観点から比べる	分類する ・観点 ・名づけ ・抽象と具体	原因⇔結果 部分⇔部分 部分⇔全体 一般⇔具体	具体→抽象 抽象→具体 ・名づけ ・上位語下位語	類推	順位づけ・階層	根拠 理由 説明
高学年	比較する観点による見方考え方のちがい	分類による見方考え方のちがい	結果→原因 理由⇔主張	抽象のはしご	演繹と帰納　形式的推論 メタファー	ツリー型	根拠・理由づけ ・説得 ・事実と意見 ・反証

2　思考力を育てるミニ単元

　先行オーガナイザー（これから先に学ぶ内容を概念的な知識として導入しておくこと）としてあらかじめ言語操作の力を身につけておくことで，思考を伴う学習をよりスムーズに行うことができると考える。そこで，「比較」「分類」という思考の方法を取り立て指導するミニ単元を系統化して例示する。

（1）比較

〈もの〉〈こと〉〈ことば〉などを比較することは，日常生活のなかでよく行われている行為である。人は，知らず知らずのうちに，比較することで，ものの価値を判断したり，どちらがいいか選んだり，分類したりしている。

　　・レストランで食べるメニューを選ぶとき　→　パスタとカレーを比較する
　　・食器棚に食器をしまうとき　→　大きさや形を比較して分類する
　　・手紙を書くとき　→　状況に合った言葉はどちらか比較する

比較するときに，人は頭の中で，自然と観点を設定して比較していることが多い。

たとえば，ダイエット中の人は，パスタとカレーを比較するときに，「カロリー」という観点で両者を比べるであろう。ニンジン嫌いの人は，ニンジンが入っているかどうかという観点から比べるであろう。このように，観点を意識して設定することで，比較するという行為をよりシャープにまたは分析的に行うことができる。しかし，このような比較するという操作について具体的に学ぶ機会はあっただろうか。おそらく，自然に身についていることとして扱われてきているのであろう。そこで，「比較する」という思考の学習を小学校段階で，系統的に学習するための先行オーガナイザーとしてのミニ単元の一案を紹介する。

《各学年の概要》
【低学年】
単元名：くらべてみよう
ねらい：同じところ，違うところを見つけて，くらべることができる。
例：ねこと犬をくらべよう
　　同じところ……
　　ちがうところ……
【中学年】

単元名：比較しよう
ねらい：観点という概念を知り，観点を設定して比較することができる。
例：
　①りんごとみかんを比較する観点について知る
　②実際に観点を設定して他のもの，ことを比較してみる
　③比較結果を交流し，観点を設定することで，もの，ことをみる視野が
　　広がることや人によって観点が違うことを知る
※事前に抽象－具体のミニ単元を実施しておく
【高学年】
単元名：比較して主張しよう
ねらい：観点を設定して比較し，その結果を根拠に自分の主張をすることが
　　　　できる。
　①遠足に出かけるなら，海がいいか，山がいいか考えるために，海と山
　　について観点を設定して比較する
　②比較結果を根拠に，主張・根拠・理由づけの3角ロジックで論立てを
　　する
※主張・根拠・理由づけについては，事前にミニ単元で学習する

《具体例》
【中学年】
単元名：比較しよう
活動：りんごとみかんを比較しよう
　・観点ゾーンに示された，大きさ，形，色という観点でりんごとみかん
　　それぞれの特徴を書き込む
　・他の観点を自分で考える
　・考えた観点でりんごとみかんそれぞれの特徴を書き込む
　・友達と紹介し合う
観点の例：
　　・におい　　・かたさ　　・ねだん　　・産地　　・収穫の季節
　　・皮のむき方　・食べ方　　・加工食品　・生産量　　・好み

比較した結果を友達と交流することで、さまざまな観点があることに気づかせたい。また、同じ観点を設定していても、違う特徴が表されている場合もある。事物を分析的にみる方法としての比較は、人の事物への見方をシャープにすると同時に、広がりを持たせるものでもある。

【高学年】
単元名：比較して主張しよう
活動①：遠足に出かけるなら、海がいいか、山がいいか考えるために、海と山について観点を設定して比較する
　　・比較結果を友達と紹介し合う
活動②：比較結果を根拠に、主張・根拠・理由づけの3角ロジックで論立てをする
　　・各自の論立てについて、友達と交流する
　　・説得力のある論立てについて話し合う

　説得力のある論立てとは、どのようなものか。根拠の種類が多岐にわたっていたり、根拠にみんなが共感するような共通の体験が含まれていることなどが説得力を高める要素として考えられる。週末にこういった話し合いを取り入れると効果的である。

（2）分類

　〈もの〉〈こと〉〈ことば〉などを分類することは、比較と同じように、日常生活のなかでしばしば行われている行為である。混沌とした事物を、共通点や相違点に着目してある特徴をもつものごとのまとまりをつくって名づける、という行為が分類である。たとえば、たくさんの洗濯物を、「誰のものか（着る人）」という観点から「お父さん用」「お母さん用」「妹用」「自分用」「共通用」と5つに分類するというのはよくあることだ。片付ける場所が着る人ごとになっていない家庭の場合は、「片付ける場所」という観点で「2階のタンス」「洗面所」などのように違った分類が生じる。
　このように、目的に応じて、観点が設定され、観点にそってカテゴリーが

できていく。これが分類である。必要性や見方が違えば，同じ事物でも違った分類ができてくる。分類は，混沌としたものを整理するという便宜上の操作としての意味だけでなく，人による事物のとらえ方の多様性を示す行為であるといえる。小学校段階で，分類という操作を学習するための先行オーガナイザーとしてのミニ単元の一案を紹介する。

《各学年の概要》
【低学年】
単元名：なかまをつくろう
ねらい：共通点をもつもの同士を仲間に分けることができる。
例：野菜，くだもの，肉などの食品のイラストを仲間分けしよう
いろいろな食品を仲間分けし，「やさい」「くだもの」「にく」などのラベリングを行う

【中学年】
単元名：分類ということ
ねらい：分類とは，同じ特徴をもつ物どうしをまとめて，全体をいくつかのまとまりに分けるという行為であることを知り，観点を設定して分けることができる。
例：
①8種類の生き物のモデル図を分類し，1つの観点のもとに，共通の特徴をもつまとまりをつくる活動をする
②たくさんの衣類を分類する
③分類結果を友達と交流する

【高学年】
単元名：分類のちがいで説明しよう
ねらい：分類結果が人によって違うことから，分類の目的の違いや人の見方の違いを考えることができる。
例：
①文具を分類し，友達と交流する
②自分の分類結果をもとに，文具を紹介する簡単な文章を書く

③発表し合い，分類による紹介の違いを知る

《具体例》
【中学年】
単元名：分類ということ
活動①：8種類の生き物のモデル図を分類し，1つの観点のもとに，共通の特徴をもつまとまりをつくる活動をする[7]
　・顔の形が（かみつくかどうか）四角いか丸いかで2つのグループに分類する。
活動②：たくさんの衣類を分類する
　・分類例
　　〈観点〉　　　　　　　　〈特徴〉
　　着る季節　　　　春　夏　秋　冬　オールシーズン
　　着る部位　　　　上半身　下半身
　　着る人　　　　　お父さん　お母さん　女の子　男の子
　　なかには，一分類にいくつかの観点を持ち込んでしまう場合がある。それは，正しくない分類である。
活動③：分類結果を友達と交流する
　　自分の分類結果を友達に説明することで，自分の考えがはっきりするという効果がある。また，そう分類した理由を聞き合ったり，分類する過程を言葉で表したりすることで，自分自身の活動を振り返って再認識する効果がある。

3　読みのスキーマと「比較」

　ミニ単元で学習した「比較」という操作は，国語科の学習のさまざまな場面で活用される。一例として説明的文章の比べ読みの場面を紹介する。
　「すがたを変える大豆」（3年国語下，光村図書出版，2010年度版）と「ミラクルミルク」（3年国語下，学校図書，2010年度版）の比べ読みである。
　ともに，食材である「大豆」や「ミルク」が加工されることによって姿を

図表 15-3 「ミラクルミルク」文章構造モデル

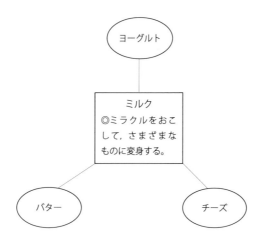

変えていくことを説明する文章である。しかし，その書かれ方には違いがある。ミルクのほうは，「ミラクルをおこして変身する」という話題提示のもとに，ヨーグルト，バターといった食品を順に紹介していくのに対して，大豆のほうは「おいしく食べるくふう」という話題を提示して，加工の方法ごとに説明を展開していく。はじめに，「ミラクルミルク」を読んだ学習者は，ヨーグルト，バター，チーズという事例のまとまりが読みのスキーマとして形成されているため，「すがたを変える大豆」を読んだときに戸惑いを感じるだろう。その際に，「どのようなまとまりで事例を紹介しているのだろう」と「事例のまとまり」という比較の観点を与え，図表15-4のようなワークシートで整理しながら読み進めることで，文章構造の違いを知ることになる。

　また，この2つの文章を比較する際に，次のような観点も考えられる。
　　・キーワード　　・トピックセンテンス　　・話題提示文（問いかけ文）
　こういった学習を重ねることで，学習者自身が比較の観点を提示できることが望ましい。これが，トップダウン処理の読み（何らかの既有知識を反映させながら文章全体の読みをつくっていく読み方）の資源となりうるであろう。

図表 15-4 「すがたを変える大豆」文章構造モデル

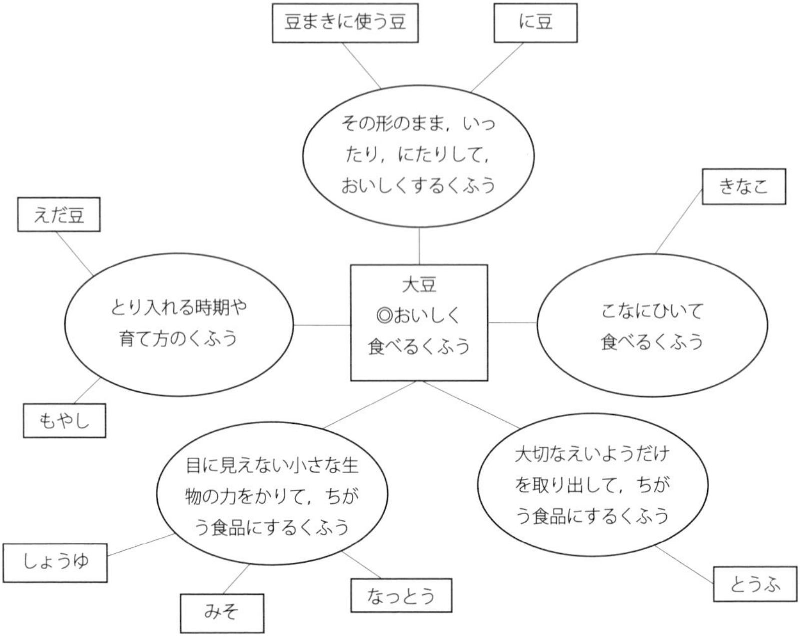

- 豆まきに使う豆 / に豆 → その形のまま、いったり、にたりして、おいしくするくふう
- えだ豆 / もやし → とり入れる時期や育て方のくふう
- きなこ → こなにひいて食べるくふう
- しょうゆ / みそ / なっとう → 目に見えない小さな生物の力をかりて、ちがう食品にするくふう
- とうふ → 大切なえいようだけを取り出して、ちがう食品にするくふう

中心：大豆 ◎おいしく食べるくふう

確認問題

1　国語科における知識・技能を活用し、思考力を育てる言語活動の要素を2つ示し、それを具体化した単元を1つ例示しよう。
2　「比較」または「分類」について、ミニ単元の具体例をもとに、小学校低学年の教材を作成しよう。
3　比較の《具体例》【高学年】活動②、分類の《具体例》【中学年】活動③のように、話し合い活動などの他者との関わりを取り入れる効果について、自分の考えを書こう。

引用文献
1)　松本修「書くための思考力と技能」『学習指導改善実践事例報告会要項』新潟県教育研究会・上越市立国府小学校、2008年

2) 文部科学省『小学校学習指導要領解説　国語編』東洋館出版社，2008年，p.9
3) 国立教育政策研究所「評価基準作成のための参考資料（小学校）国立教育政策研究所教育課程研究センター，2010年，p.15
4) 同上，p.109
5) 井上尚美『思考力育成への方略——メタ認知・自己学習・言語論理〈増補新版〉』明治図書出版，2007年，pp.56-57
6) 浜本純逸『国語科授業の改革10　国語科内容の系統性はなぜ100年間解明できなかったのか——新学習指導要領の検証と提案』学文社，2010年，pp.141-148
7) S.I.ハヤカワ『思考と行動における言語』大久保忠利訳，岩波書店，1985年，pp.221-233

より深く学習するための参考文献
・井上尚美・尾木和英・河野庸介・安芸高田市立向原小学校編『思考力を育てる「論理科」の試み』明治図書出版，2008年
・河野順子・熊本大学教育学部附属小学校編『言語活動を支える論理的思考力・表現力の育成』渓水社，2013年

執筆分担

松本　修（まつもと・おさむ）＝編著者，はじめに，第1章，第5章，第7章，第10章，第13章
玉川大学教職大学院教授

山口政之（やまぐち・まさゆき）＝第2章，第3章，第4章
敬愛大学教育学部教授

稲井達也（いない・たつや）＝第6章，第8章，第9章
大正大学人間学部教授

宮　絢子（みや・あやこ）＝第11章
元東京家政大学家政学部准教授

本田容子（ほんだ・ようこ）＝第12章，第14章
鎌倉女子大学教育学部准教授

佐藤多佳子（さとう・たかこ）＝第15章
上越教育大学大学院教育学研究科教授

きょう か りょく
教科力シリーズ
しょう がっ こう こく ご
小学校国語

2015年 2 月25日　初版第 1 刷発行
2024年 2 月20日　初版第 7 刷発行

編著者 ──── 松本　修
発行者 ──── 小原芳明
発行所 ──── 玉川大学出版部
　　　　　　〒194-8610　東京都町田市玉川学園6-1-1
　　　　　　TEL 042-739-8935　FAX 042-739-8940
　　　　　　www.tamagawa-up.jp
　　　　　　振替：00180-7-26665

装幀 ──── しまうまデザイン
印刷・製本 ── モリモト印刷株式会社

乱丁・落丁本はお取り替えいたします。
ⓒ Osamu Matsumoto 2015　Printed in Japan
ISBN978-4-472-40500-6 C3337 / NDC375